RÉGÉNÉRATION

DE

LA FRANCE

PAR L'ÉDUCATION

Par M. BATISSE,

CHEF D'INSTITUTION A CLERMONT-FERRAND.

CLERMONT-FERRAND

IMPRIMERIE ET LITHOGRAPHIE. G MONT-LOUIS

Rue Barbançon, 2

1871

RÉGÉNÉRATION

DE

LA FRANCE

PAR L'ÉDUCATION

Par M. BATISSE,

CHEF D'INSTITUTION A CLERMONT-FERRAND.

CLERMONT-FERRAND

IMPRIMERIE ET LITHOGRAPHIE G. MONT-LOUIS

Rue Barbançon, 2

1871

RÉGÉNÉRATION

DE LA FRANCE

PAR L'ÉDUCATION.

DISCOURS PRÉLIMINAIRE.

Après les cruels événements que nous venons de traverser et qui ont eu pour notre pays de si funestes conséquences ; après cette guerre insensée, si imprudemment engagée et si mal soutenue dont le résultat a été de faire succéder, chez nous, la ruine et la misère à la plus grande prospérité qui se soit vue dans le monde : — que devons-nous penser de la gloire, de la grandeur et de la fortune d'une nation, quand cette gloire, cette grandeur et cette fortune ne reposent pas sur des principes solides ? Certes, le sentiment de notre supériorité sur tous les autres peuples avait paru, longtemps, si peu contestable qu'il ne fallait rien moins que la terrible leçon qui nous a

Mais, quand un peuple, après un passé glorieux, vient à dégénérer; quand il a perdu la trace des mâles vertus qui ont fait sa force et sa grandeur; quand il ne croit plus à rien et qu'il foule aux pieds tout principe; quand il sacrifie tout à l'intérêt et ne connaît d'autre Dieu que le succès; quand chez lui, les liens de la famille n'existent plus que de nom et que l'égoïsme divise tous les hommes; quand, enfin, la religion n'est plus qu'une forme, et la morale un vain mot : — alors, c'est le peuple lui-même qui demande à être réformé. Une telle réforme, qui donc oserait l'entreprendre, à moins que tous les citoyens, convaincus de son importance et unis dans une même pensée, ne travaillassent à l'opérer d'un commun accord ? Mais, si l'homme échappe à l'action de ceux qui ont plus particulièrement la mission de le conduire dans la voie des lumières et de la vertu, il n'en est pas de même de l'enfant qui, semblable à une jeune plante, prend la direction qu'on lui imprime. C'est donc sur l'éducation de la jeunesse que doivent, principalement et avant tout, porter les réformes à introduire; c'est à lui procurer une instruction plus judicieuse et mieux assortie aux diverses situations de la vie; c'est à corriger ses mauvaises habitudes et à épurer son langage; c'est, en un mot, à lui communiquer les idées et les sentiments les plus conformes à ce qu'on entend par une bonne éducation, que doivent tendre nos efforts, que doivent s'appliquer tous nos soins.

Ce travail, que nous publions avec d'autant plus de confiance, qu'il a été conçu dans des vues plus larges et qu'il est le fruit d'une conviction profonde, mûrie par l'expérience et par l'étude, — ce travail a précisément pour objet de signaler les vices les plus apparents de notre éducation nationale et de rechercher les moyens les plus propres à les faire disparaître, en la relevant de son abaissement, en lui rendant sa dignité et son prestige, en lui restituant, dans nos institutions, la place d'honneur qu'elle réclame à si juste titre, et dont elle n'aurait jamais dû être dépossédée.

Nous n'avons pas, sans doute, la prétention de résoudre par nous-même un tel problème ; mais si nous parvenons à éveiller l'attention publique et à la fixer sur un sujet de cette importance, nous croirons avoir bien mérité de nos concitoyens, et nous ne saurions ambitionner une récompense plus digne de nos efforts.

A. B.

DE L'ÉDUCATION — SA DÉFINITION

Parmi les écrivains qui, à diverses époques, avec plus ou moins de talent, ont traité le sujet qui nous occupe, — il en est pour qui *Éducation et Instruction* représentent deux choses distinctes ; pour les autres, ces deux termes ont une même signification, ils sont identiques.

Les premiers divisant l'homme, en faisant comme deux êtres à part, susceptibles de se développer séparément et admettant — ce qui est incontestable — la prééminence de l'esprit sur le corps, ont adopté le mot *instruction*, mot consacré dans la langue officielle et dans l'usage, comme désignant plus spécialement la culture de l'être intelligent au détriment même de l'être physique. C'est ainsi qu'il est convenu de dire : *le ministre de l'instruction publique;* — les fonctionnaires, les employés, les bureaux *de l'instruction publique;* — et il ne vient à personne la pensée de dire : le ministre, les fonctionnaires de l'*éducation publique*.

Nous n'hésitons pas à nous prononcer pour la seconde définition comme étant plus générale, plus en rapport avec la nature de l'homme qui, composé d'un corps et d'une âme, a des facultés qui correspondent à la double substance dont se compose son être, lesquelles demandent à être cultivées au même degré dans l'intérêt de l'être tout entier.

Envisagée à ce point de vue, l'éducation est immense dans son objet, et son utilité est universelle.

Quoi donc ! Instruire la jeunesse, prendre l'enfant, pour ainsi dire, à son entrée dans la vie; l'entourer des soins que réclame sa faiblesse au début; le suivre pas à pas, surveiller tous ses mouvements pour les diriger; cultiver, à mesure qu'elles se développent, ses facultés physiques, morales et intellectuelles; le préparer au rôle que l'appellent à remplir dans le monde, ses goûts, ses aptitudes et sa position de fortune, est-il un emploi plus élevé, une mission plus belle et plus digne de tous les respects ?

On le voit, ce n'est pas une simple question locale ou de cironstance que nous abordons ici; ce n'est pas une vaine théorie, une de ces conceptions plus ou moins ingénieuses qui ont le privilége de séduire, de passionner même l'un ou l'autre sexe, tel ou tel âge, telle ou telle classe de citoyens : c'est une question vitale qui est de tous les temps, de tous les lieux, et particulièrement de notre temps et de notre pays; c'est une question capitale de laquelle relèvent toutes les autres questions sociales, politiques et religieuses, question qui intéresse au plus haut point l'humanité tout entière; qui est étroitement liée à l'ordre et à l'harmonie de la société; à la grandeur, à la richesse et à tous les progrès des nations; et c'est cet objet si grand et si vaste qui fait de l'éducation la première des sciences, la plus noble et la plus utile des professions, comme le dit avec juste raison M. Gasc. Ce n'est pas ainsi que nous l'avons comprise jusqu'à ce jour, et voilà pourquoi la France qui, naguère encore, marchait en tête des nations civilisées, s'est vue, tout à coup, forcée de céder le pas à un peuple voisin, des derniers entrés dans les voies de la civilisation, mais qui, ayant compris tout le parti qu'il pouvait tirer d'une forte et solide éducation, s'est appliqué à l'élever, à l'étendre, à favoriser tous ses développements, à la propager partout, en un mot, à la rendre nationale.

C'est ce qui ressortira clairement, nous l'espérons, des considérations qui vont suivre.

VICES DE L'ÉDUCATION PUBLIQUE

Une réflexion qui frappera tous les esprits et que chacun, aujourd'hui, doit se faire à soi-même, est celle que suggère naturellement la comparaison entre la France et l'Allemagne, comparaison que la dernière guerre n'a rendue que trop évidente aux yeux de tous.

Comment se fait-il que la première de ces deux nations qui se croyait invincible, ait été enfin vaincue ? Quoi ! la France, qui prétendait tenir si haut le drapeau de la civilisation, qui se vantait d'être l'institutrice de l'Europe et du monde entier, qui ne cessait d'exalter sa force et sa grandeur..... la France aurait trouvé un maître ; elle aurait subi une de ces défaites qu'on ne saurait qualifier autrement que par l'épithète d'étourdissante, tant elle a été prompte et subite !

Son armée, sans doute, a succombé écrasée par le nombre de ses ennemis ? Ou bien, aurait-elle été conduite à des désastres immérités par des généraux incapables ou traîtres à la patrie ? Le peuple lui-même serait-il dégénéré et le vieux sang gaulois ne coulerait-il plus dans ses veines ? Il peut y avoir un peu de tout cela ; mais, n'allons pas chercher la cause de nos malheurs ailleurs que dans la manière d'élever la jeunesse française dont les générations successives forment la société. Partout, en effet, s'est révélée sur les champs de bataille de la Lorraine et de l'Alsace, notre infériorité sous le rapport de l'instruction et de la discipline; l'armement et l'équipement de nos troupes ont été pour les Prussiens un objet de pitié, et, l'ignorance des lieux sur notre propre territoire où, bien des fois, ils ont dû nous mettre sur la route et nous indiquer le but à atteindre, a provoqué leur mépris.

Un tel état de choses ne peut surprendre que ceux qui, satisfaits de notre mode d'enseignement, de notre vieille routine, n'imaginent rien au-dessus. Il ne faut pourtant pas être bien versé dans la connaissance de notre système d'éducation, pour comprendre que, partant de principes faux, il ne peut aboutir qu'à des résultats déplorables.

Nous consacrons les huit ou dix plus belles années de notre jeunesse à étudier du grec et du latin, deux langues mortes qui, en dehors de l'église, n'ont plus une utilité pratique; et nous négligeons de nous instruire dans notre propre langue, et nous rejetons au second plan les arts et les sciences dont les applications, de nos jours, sont devenues si nombreuses et si variées. Cette erreur, sur laquelle nous reviendrons, est une des causes multiples qui ont tant contribué à la faiblesse des études parmi nous.

Un autre défaut du même système, c'est d'avoir divisé deux choses qui, comme nous l'avons déjà observé, sont étroitement liées ensemble et ont entre elles les rapports les plus intimes. On a voulu que l'éducation fût distincte de l'instruction, et il est résulté de là, selon les points de vue différents de ceux qui, par état ou par position se livrent à l'enseignement, des préférences marquées en faveur de celle-ci au préjudice de celle-là et réciproquement : les uns accordant tout à l'instruction proprement dite, ou à la culture intellectuelle ; les autres jugeant que le perfectionnement moral devait faire l'objet principal de leur sollicitude. Conçoit-on, cependant, qu'un homme soit véritablement instruit si une seule de ses facultés a été négligée ? et, pourra-t-il passer pour bien élevé, s'il n'a pas une idée claire du juste et de l'injuste, du bien et du mal, — une notion exacte de ses devoirs envers Dieu, envers ses semblables et envers lui-même?

Qu'à l'époque barbare où a pris naissance le système que nous combattons, on ait admis le divorce entre deux termes qui se touchent de si près, cela se comprend. La langue nationale, alors, étant encore à construire, il fallait bien cultiver la seule langue qui fût en usage, et l'on sait par quels procédés, à l'aide de quels tourments, de quels supplices, l'enfant apprenait à parler et à écrire le latin, auquel on ajoutait aussi quelques notions de grec. La connaissance de ces langues, surtout celle du latin, passait, alors, pour être de première utilité, et, comme les moyens de l'acquérir étaient rares et fort coûteux, elle se présentait hérissée de difficultés : l'étude en devenait aussi longue que laborieuse et, on ne croyait pas acheter trop cher son acquisition, en y consacrant le temps de la jeunesse et les plus grands efforts. Il ne restait pas de place pour l'éducation — et, où aurait-on trouvé des éléments d'éducation, dans des livres qui ne nous entretiennent que de mythologie, de fables ridicules, de doctrines dont l'apparente gravité fait sourire de pitié un enfant chrétien ? — On abandonnait à la société le soin de former aux bonnes habitudes, aux manières élégantes, aux convenances sociales, à tout ce qui constitue le bon ton ou l'éducation, dans le sens restreint que l'on accordait à ce mot.

Mais, depuis, les idées et les choses ont marché ; l'esprit humain est entré dans des voies nouvelles ; les sciences ont été créées et se sont développées rapidement ; une transformation sociale s'est opérée et, le vieux système d'instruction publique, condamné par tous ces progrès et par l'opinion, exige impérieusement une prompte réforme. Sans bannir absolument les langues anciennes qui ont si puissamment contribué à la formation de notre langue et dont la belle littérature a produit, en si grand nombre, des œuvres incomparables, dignes encore d'occuper nos loisirs d'une manière aussi agréable qu'utile, qui ont fait et font encore l'admiration de tous les peuples, ne pourrait-on pas en commencer l'étude plus tard, à l'âge où le jugement de l'enfant est mieux formé, et où il en cueillerait les fruits précieux sans aucun des inconvénients qui l'accompagnent aujourd'hui ? Alors on ferait la part plus large à tant de besoins nouveaux. N'oublions pas d'ailleurs que c'est au collége que doit se faire l'éducation ; car, ces habitudes d'élégance et de politesse, ces bonnes manières que l'on acquiert ou que l'on perfectionne au contact de la société, ne sont que les dehors de l'éducation, — celle-ci impliquant nécessairement l'idée de progression, de développement intellectuel, — elles ne sont pas l'éducation elle-même.

De tout ce qui précède, il est permis de conclure que l'usage de séparer des choses qui, de leur nature, sont inséparables, devait conduire et a conduit nécessairement aux plus fâcheuses conséquences. Croit-on, par exemple, qu'un tel système soit étranger à ces antipathies sociales, à ces luttes d'opinions et de doctrines, à ces oppositions systématiques, à ces haines de partis d'où sont nées nos discordes civiles qui menacent de se perpétuer et font craindre pour l'avenir de la France, si la société française n'est pas promptement régénérée ? Or, elle ne pourra l'être que par une éducation rationnelle, fondée sur des principes chrétiens. Mais, qui donc n'a pas remarqué quel antagonisme désolant règne chez ceux-là même qui, chargés d'élever la jeunesse, ont pourtant le devoir de lui enseigner, non-seulement par des paroles, mais surtout par l'exemple, la première des vertus chrétiennes, la charité ? Poursuivant un même but, ne devraient-ils pas s'unir dans une pensée commune ? Là comme ailleurs, on ne voit partout que divisions, vues particulières, esprit de parti : l'enseignement laïque en lutte avec l'enseignement clérical ; les sociétés religieuses rivales les unes des autres ; les établissements laïques se faisant une concurrence souvent déloyale, et, quel bien peut-il sortir de tout cela ? Quel esprit d'union et de concorde ? quel avantage pour le pays ?

Cette funeste distinction devait fatalement en entrainer une seconde non moins funeste. Elle consiste à faire des fonctionnaires ou employés de l'enseignement deux catégories bien distinctes, dont la dignité et le mérite, fondés sur l'inégalité qu'on a établie entre les soins moraux et les soins intellectuels, se mesure sur leur importance respective ; et comme, par suite du vieux préjugé et de l'habitude, nous accordons toutes nos préférences à ce qu'on est convenu d'appeler l'instruction, l'emploi du professeur étant de beaucoup plus élevé que celui du maître d'études, est aussi le plus recherché. A chacun de ces deux rôles correspond, en outre, une part fort inégale dans la considération qu'on a coutume d'attribuer à ceux qui les remplissent.

Les premiers, à cause de la situation plus honorable qui leur est faite et du degré d'instruction exigé de quiconque est admis à enseigner, jouissent, auprès des jeunes gens dont ils ont à développer l'intelligence, d'une estime et d'un respect qui dépendent non moins de la gravité de leur caractère et de la régularité de leur conduite. Dans le monde, ils sont d'autant plus considérés qu'ils dirigent une classe plus avancée ; — ce qui, en tenant compte, non du talent de l'individu, mais des services à rendre, est une erreur, comme nous aurons occasion de le montrer ailleurs plus en détail. Du moins, est-il juste de reconnaître que, dans les établissements de l'État, l'esprit des enfants est cultivé par des hommes d'un talent remarquable et d'un savoir qui ne redoute aucune comparaison. C'est par le côté intellectuel, surtout, que se distingue l'université : là est sa véritable supériorité. A vrai dire, rien n'y est négligé dans ce but : elle n'admet ses candidats qu'après une longue préparation et à la suite de sérieux examens. Est-il donc surprenant de ne rencontrer parmi eux que des professeurs distingués ?

Mais, d'où vient, qu'avec de tels maîtres, il y ait si peu de bons élèves, que le plus grand nombre se traînent inutilement sur les bancs du collége et en sortent *fruits secs?* Si les résultats sont si peu satisfaisants, il ne faut en accuser que le système et non les hommes chargés de l'appliquer.

On devient maître d'études à moins de frais. Pour cela, vous n'avez qu'à produire un diplôme de bachelier, et vous êtes dispensé de montrer du goût, des aptitudes, de faire un long apprentissage pour un métier qui, dans l'état actuel de notre éducation, n'en exige aucun.

Et cependant, «peut-il y avoir des fonctions plus nobles, plus importantes, plus dignes d'estime et de considération? Surveiller les élèves pendant les études et diriger leurs travaux; veiller à leur maintien dans les exercices religieux, leur donner l'exemple du recueillement et leur inspirer le plus grand respect pour les lieux consacrés au culte et pour les ministres de la religion; leur montrer dans tous les temps la route de la sagesse et de la vertu; pendant les heures de récréation, présider à leurs jeux, diriger leurs relations familières, pour qu'elles ne dégénèrent jamais en licence ou en grossièreté; régler l'emploi des mots qui contribuent tant à la délicatesse des sentiments; conserver entre les élèves la bonne intelligence et l'aménité qui doivent distinguer des jeunes gens bien élevés; dans toutes les circonstances, leur parler avec raison, avec dignité, avec douceur; leur faire aimer et respecter la règle, et l'autorité qui la fait exécuter; user de cette autorité avec toute l'indulgence et la bonté compatibles avec le bon ordre et la discipline ; employer la sévérité à regret, mais avec courage, lorsqu'elle est nécessaire ; et s'abstenir alors de tout sentiment de colère, de tout mouvement d'impatience, et éviter surtout jusqu'à l'apparence de l'injustice et de la passion ; tels sont les principaux devoirs des maitres d'études, telles sont les fonctions augustes que les surveillants sont appelés à remplir.

Comment se fait-il donc que des travaux si utiles soient frappés d'une si grande défaveur et placés si bas dans l'opinion de tout le monde? Ah ! ce n'est pas des fonctions qu'il s'agit alors, mais uniquement de ceux qui les remplissent ; ils n'ont pu les avilir, mais ils les ont profanées. Le besoin seul peut y appeler maintenant quelques hommes d'un mérite distingué, et les sujets médiocres ou mauvais y sont en foule. Il est à peu près convenu généralement que, pour s'y livrer, il faut être incapable de faire autre chose, dépourvu de moyens et disgracié de la fortune. . . . .
. . . .

Cet état de choses, si contraire à la bonne éducation, dépend d'une erreur plus générale : c'est le peu d'estime qu'on a eu longtemps pour les personnes qui font profession d'élever la jeunesse. Vieux préjugé passé en habitude, sur lequel les instituteurs eux-mêmes ont pris peut-être trop facilement leur parti, et que plusieurs, il faut en convenir, n'ont que trop justifié à toutes les époques. Eh quoi ! il pourrait y avoir une profession plus noble et plus utile que celle qui a pour objet de former des hommes aux bonnes mœurs, aux vertus religieuses et sociales ; d'orner leur esprit de connaissances solides, et de diriger le perfectionnement moral de l'espèce humaine !. . . . . Il ne peut appartenir qu'à l'ignorance d'attribuer à la profession elle-même les imperfections ou les défauts des hommes indignes de l'exercer. Mais si cette opinion s'est formée en effet, disons-le franchement, elle a été produite par le système d'éducation lui-même, qui s'est borné trop longtemps aux éléments des langues mortes, et qui, dans sa partie la plus élevée, n'est pas sorti de l'enseignement proprement dit.......

Les maitres d'études, qui secondent l'instituteur, sont, par leurs fonctions mêmes, les véritables, ou du moins les seuls instituteurs de la jeunesse. C'est sur eux que roulent tous les détails relatifs à la discipline, à la conduite, à la manifestation des pensées et du caractère des élèves, et à l'emploi du temps. Mais, leurs fonctions, mal comprises, et réduites à ce qu'elles ont de mécanique, sont dédaignées par les hommes qui seraient les plus capables de les remplir, et abandonnées ainsi à l'inexpérience et à l'incapacité. Dès lors, les maîtres d'études et les surveillants ne sont plus en général que des gardiens peu clairvoyants de troupeaux de jeunes gens, des instruments d'une discipline uniforme, sèche et flétrissante, à laquelle ils ajoutent tout ce que leurs défauts et les vices de leur éducation peuvent avoir de fâcheux. Attachés à la glèbe, obsédés par la longue monotonie de leurs travaux, humiliés par la fatale déconsidération encore attachée à leur emploi, souvent sans avenir comme sans compensation actuelle à leurs dégoûts, quelquefois aussi, mal dirigés et mal soutenus par leurs chefs, ils cherchent rarement à se relever de leur abaissement et à rendre leur surveillance et leurs procédés plus judicieux. Découragés par l'état d'hostilité habituelle des élèves envers eux, ils se rebutent; et les plus intelligents eux-mêmes consentent à croupir dans la routine, pour s'épargner le soin difficile d'étudier les caractères et de se faire un plan rationnel de conduite pédagogique, ou pour s'affranchir de la peine qu'ils regardent comme inutile, de faire prévaloir les règles du bon sens et de la raison. »

S'il est vrai que ce tableau, en apparence si chargé, ne soit que l'expression exacte de la vérité prise sur le fait; si ces malheureux maitres d'études, peints sous les couleurs les moins favorables, se trouvent pourtant représentés au naturel; s'ils ne sont, en définitive, que les maitres enchaînés d'un troupeau d'esclaves lequel, du moins, a pour compensation ces jeux, ces distractions, ces études mêmes qui servent à l'éclairer sur sa servitude et ne le portent que trop à secouer un joug devenu odieux; — si ces hommes, à qui est spécialement confiée la mission de former les jeunes générations pour l'avenir, occupent le dernier degré de l'échelle sociale, et si la position qu'on leur fait est à ce point avilie et avilissante qu'il n'est pas jusqu'au simple manœuvre, ami du travail et jouissant de l'usage de ses membres, qui ne préfère de beaucoup la sienne, quel respect, quel estime peuvent-ils inspirer à leurs élèves? Si, enfin, il est démontré que rien n'ait été exagéré dans le passage si tristement éloquent qui précède et que nous avons détaché du beau livre publié, il y a trente ans, par un homme du métier, M. Gasc, illustre chef d'institution qui, voué de cœur à une profession dont il s'était fait un véritable sacerdoce, et, ayant constaté par lui-même l'état d'abaissement où se trouvait alors l'éducation française, laquelle depuis, n'a été ameliorée que d'une manière peu sensible, s'appliqua à la relever en y consacrant ses efforts, son génie, sa vie toute entière — et, si tant de maux découlent nécessairement d'un système vicieux, qu'attend-on pour le réformer?

Nous avons insisté à dessein sur cette classe d'employés, parce que, selon nous, « ils sont les véritables, ou du moins, les seuls instituteurs de la jeunesse » et que le temps nous paraît venu de leur rendre la justice que réclame l'importance de leurs fonctions. Si les fonctionnaires eux-mêmes sont indignes du mandat qui leur est confié, qu'ils soient remplacés; mais, surtout, qu'il y ait pour eux, une préparation spéciale, comme il en existe pour les professeurs, et que, par le traitement nouveau qui leur serait alloué, par leur distinction personnelle, par leurs lumières et leurs vertus, ils deviennent égaux, sinon supérieurs à ces derniers.

Nous voudrions que, dans chaque chef-lieu d'académie fût établie, à côté de l'école normale primaire, une école normale d'éducation où l'étude des devoirs, étant considérée comme la base de l'enseignement, les vertus morales et religieuses, plus appréciées que le savoir même, tiendraient le premier rang et donneraient droit aux plus grands éloges, aux plus belles récompenses.

Les jeunes aspirants à ces écoles seraient tenus de justifier d'un talent en rapport avec les fonctions qu'ils se proposent de remplir, de leurs places de compositions en rhétorique et en philosophie, et de leurs connaissances acquises par un excellent certificat de fin d'études : conditions essentielles pour être autorisés à subir un examen spécial devant décider de l'admission ou de l'ajournement. Les élus feraient un noviciat comprenant trois années ou trois degrés, pendant lequel, dans l'intervalle, de travaux aussi solides que variés, des heures seraient déterminées pour les surveillances qu'auraient à faire, pour les leçons qu'auraient à donner, à tour de rôle, nos jeunes normaliens, dans les classes d'une école primaire. La troisième année, ou le troisième degré du noviciat se terminerait par un examen général à la suite duquel le nouvel agrégé entrerait dans un collége comme professeur et y passerait plusieurs années en cette qualité. A trente ans, il pourrait être nommé *instituteur*, dignité supérieure à laquelle lui donneraient droit un mérite bien constaté, une suite non interrompue de bons services et, par dessus tout, ses titres d'honnête homme du monde, de père de famille ou, du moins d'époux. Qu'on établisse en principe que, parmi ces dignes instituteurs devront être choisis les hauts fonctionnaires de l'instruction publique; laquelle mériterait véritablement, alors, d'être désignée sous le seul nom qui lui convienne, *d'éducation publique*, — et, vous ne tarderez pas à voir cet emploi, aujourd'hui si peu estimé et si généralement dédaigné, reprendre la place d'honneur qui lui revient de droit, et devenir le but de l'ambition, le terme des aspirations les plus vives comme les plus légitimes du monde enseignant.

Si l'État entrait dans cette voie, figurez-vous quel choix nouveau de sujets, non moins remarquables par la vertu que par le savoir, il aurait recrutés en quelques années! L'Université, par son personnel, entièrement composé des hommes les plus éminents, les plus dignes de mériter et d'obtenir l'estime et la confiance du public, deviendrait la plus imposante des corporations; elle serait tellement hors de comparaison, qu'elle pourrait, à bon droit, défier toute concurrence.

A merveille, dira-t-on, peut-être! mais le moyen, après nos grands désastres financiers, avec une dette si considérablement accrue, de se procurer les crédits nécessaires à l'exécution d'un tel projet? Cette objection nous paraît plus spécieuse que réelle. Tant que la France a professé le culte du sabre; tant qu'elle s'est bercée des trompeuses illusions de la gloire militaire, il était rationnel que tout dût céder aux armes. Mais, elle sait à quel chiffre se solde aujourd'hui cette gloire... et pourquoi : elle a appris, à ses propres dépens, que le seul moyen, pour elle comme pour toute nation, d'être vraiment grande, de conserver cet empire du génie et de la civilisation qui lui a été reconnu si longtemps et que ses récentes défaites n'ont pu lui ravir encore, — tant le caractère particulier qui la distingue, semble l'élever au-dessus des autres peuples; — le moyen, enfin, de triompher plus sûrement de ses ennemis, c'est de réduire le budget de la guerre au profit du budget de l'instruction publique; de remplacer partout, dans les écoles, la rcutine et le préjugé par un système d'éducation plus rationnel.

On pourra nous objecter encore que, la liberté d'enseignement existant, les intéressés, et tout Français est dans ce cas, — les intéressés ne doivent s'en prendre qu'à eux-mêmes de l'ajournement indéfini des réformes si souvent proposées. A cela, nous n'avons qu'une simple réponse à faire : Si le gouvernement, qui nous octroya cette liberté, y avait joint la suppression du monopole universitaire et les franchises municipales, les communes, fortes de leur droit et mieux instruites de leurs véritables intérêts, auraient sans doute cherché, depuis longtemps, les moyens les plus propres à les garantir et, dans tous les cas, elles ne seraient nullement fondées à faire remonter leurs plaintes jusqu'au gouvernement. Mais, du moment où, en nous mettant en mains la liberté, il nous refuse la possibilité de nous en servir utilement, que nous reste-t-il à faire, sinon de lui demander humblement qu'il veuille bien user des pouvoirs qu'il s'est réservés dans l'intérêt de tous. Au reste, il sera démontré, dans le chapitre suivant, que la liberté dont il est ici question, dans les circonstances où nous l'avons obtenue, circonstances qui n'ont pas été sensiblement modifiées depuis, ne fut et ne pouvait être qu'un mauvais présent.

D'un autre côté, supposez que quelques particuliers, certaines réunions d'hommes, adoptant notre plan dans son ensemble, parviennent à en tirer tous les fruits que nous le croyons appelé à produire, le bien qui en résulterait, n'aurait qu'un caractère local et passager; et, c'est un bien durable dont il faut doter la France entière, en ramenant l'éducation à ses vrais principes.

DE LA LIBERTÉ D'ENSEIGNEMENT

Les idées libérales sont aujourd'hui assez accréditées parmi nous, pour qu'elles ne rencontrent plus de sérieux contradicteurs; sur ce terrain, les esprits sont à peu près unanimes et, ceux-là mêmes qui croient de leur intérêt d'éloigner la chose, ne peuvent se passer du nom pour arriver, par le suffrage universel, à jouer un rôle politique. Il semble donc qu'une croyance si généralement admise aurait dû, depuis longtemps, passer dans nos mœurs et dans nos habitudes : il n'en est rien cependant. C'est que l'enfant ne joue pas impunément avec un rasoir ou avec du poison et, comme l'homme sans instruction n'est qu'un grand enfant, si vous le mettez en possession de la liberté, elle sera pour lui aussi dangereuse que le serait un rasoir ou du poison entre les mains d'un enfant inexpérimenté. Cela explique, jusqu'à un certain point, pourquoi les gouvernements, toujours si paternels, qui se sont succédés depuis plus d'un demi-siècle, ont constamment refusé de nous confier cet instrument dangereux, qu'avec une persistance digne tout au plus de notre ignorance, nous n'avons cessé de réclamer : ils ne prévoyaient que trop l'usage que nous pourrions en faire. Toutefois, ces mêmes gouvernements auraient pu s'épargner tant de précautions qui n'ont servi qu'à les perdre, si, commençant par l'instruction, ils avaient voulu la rendre gratuite et obligatoire. Ils n'auraient pas été successivement renversés, en opposant une digue impuissante aux vagues agitées d'une multitude en courroux, alors que, satisfaire l'opinion eût été pour eux chose si facile; ils n'avaient pour cela qu'à marcher avec elle et à la diriger en l'éclairant.

Enfin, mil huit cent trente parut. Le principe de la liberté, inscrit en tête de la nouvelle constitution, ne pouvait pas, éternellement, rester lettre morte, il fallait bien qu'il finît par se traduire dans les faits. La partie éclairée de la nation, les villes surtout, jalouses de conserver une conquête à laquelle elles avaient pris une si large part, ne songeaient qu'à s'en assurer le bénéfice. Il n'en fut pas ainsi généralement.

Soit instinct, soit réflexion, le peuple, de longue date habitué à la tutelle, hésitait à s'en affranchir ; il semblait redouter l'usage de ses nouveaux droits, et il eût volontiers borné ses désirs aux améliorations les plus indispensables.

La première, la plus urgente des réformes, celle de l'éducation qui, sous l'Empire et sous la Restauration avait déjà si vivement préoccupé les esprits, fut remise à l'ordre du jour. Les vœux, auparavant formulés à ce sujet, devinrent plus ardents ; partout se multipliaient les adresses et les pétitions; le ministre, alors responsable, en était inondé, des brochures sans nombre, des livres furent publiés sur la matière, et la presse elle-même ne tarda pas à mêler sa grande voix au concert général. L'autorité, jusque-là spectatrice trop indifférente du mouvement, commença enfin à s'émouvoir. Il fut décidé que les projets de réforme, présentés par des hommes spéciaux, seraient pris en considération; quelques-uns obtinrent même l'honneur d'un rapide examen, et M. Gasc reçut du ministère des félicitations et des encouragements; mais, sous divers prétextes, son système fut ajourné et, définitivement abandonné.

Nous verrons plus loin, que l'organisation universitaire fut le principal obstacle à toutes les améliorations dont l'opportunité, cependant, paraissait si évidente. Mais que pouvait le ministre? élevé un jour au pouvoir par le vœu public, renversé le lendemain par un vœu contraire, il avait sans cesse à lutter contre la routine, le préjugé et les intérêts divers coalisés dans le but de perpétuer des abus qui ne profitaient qu'au petit nombre. A toutes les demandes, il répondait invariablement : *un projet est à l'étude*, et il arrivait à la fin de sa carrière sans avoir rien fait. Son successeur, comme lui, animé des meilleures intentions, et pour la même cause, n'aboutissait pas à d'autres résultats.

C'est ainsi que les changements promis, toujours différés pour un motif ou pour un autre, ne paraissaient jamais. Le gouvernement, condamné par faiblesse à l'impuissance, s'en tenait, le plus souvent, à des protestations de bon vouloir; on le voyait incertain, hésitant; il biaisait et, par quelques concessions insignifiantes, cherchait à gagner du temps, espérant ainsi décourager l'opinion. Cependant, les vœux de celle-ci devenant plus ardents, les réclamations plus vives, la voix de la presse plus accentuée, — à bout de résistance et ne consentant pas à se dessaisir de ses priviléges, il finit par accorder la liberté d'enseignement.

L'avouerons-nous? quoique cet aveu puisse coûter à notre franchise, l'État ne pouvait pas faire au pays un présent plus funeste : c'était, en effet, corriger un mal par un mal plus grand encore. Toute liberté, pour être utile, doit arriver en son temps, et celle-ci vint trop tôt ou trop tard. En quatre-vingt-neuf, et sans la révolution, avec le progrès lent mais continu des idées libérales qui commençaient à germer en France, elle eût aidé puissamment à éclairer les masses dans un intérêt tout national ; plus tard, elle ne devait servir qu'à fortifier les partis les uns contre les autres.

Aussi, l'éducation a-t-elle été insensiblement détournée de sa véritable route. Elle n'est plus cette œuvre à la fois morale et religieuse qui consiste à former l'esprit et le cœur de la jeunesse ; à lui conserver la paix de l'âme, le calme de la conscience au sein de ses joyeux ébats ; à l'éloigner de tous ces calculs d'ambition, de toutes ces préoccupations d'intérêts divers qui agitent et divisent les hommes ; à lui montrer enfin le sentier du devoir et à l'instruire de sa destinée céleste. L'enfant lui-même a cessé d'être considéré comme tel. Nous avons hâte de le voir sortir du rôle qui lui a été tracé par son âge et par la nature : il ne serait plus digne de son caractère d'*être pensant* s'il n'avait, lui aussi, ses opinions ; il faut que, bon gré mal gré, il soit associé à nos préférences politiques ou religieuses, qu'il épouse toutes nos querelles. De tels exemples ne sont que trop communs ; on a vu, de nos jours, de graves instituteurs, dominés, hélas ! par les passions du milieu dans lequel ils vivent, ne pas reculer devant la responsabilité de mêler l'enfance à nos dissensions publiques.

Et maintenant, nous le demandons : la liberté qui aboutit à de tels résultats, est-elle un bien? n'est-elle pas plutôt un mal et, n'y aurait-il pas avantage à proscrire cette grande coupable? Soyons juste avant tout et, gardons-nous de confondre la chose avec les abus auxquels elle peut donner lieu. Faut-il renoncer à l'usage du vin parce qu'il enivre, et que l'abus qu'on en fait est si souvent la cause de tant de désordres et de tant de crimes? Faut-il renoncer à l'usage des instruments tranchants, parce qu'ils occasionnent fréquemment des blessures? A celui des armes à feu, parce qu'elles donnent la mort? Ne blâmons, dans la liberté, que les excès qui la déshonorent ; les desseins criminels auxquels, parfois, on la fait servir ; les sinistres projets qui se trament dans l'ombre et qu'elle semble favoriser uniquement, parce qu'il est de son essence d'être tolérante. D'un autre côté, pourrions-nous, sans ingratitude, méconnaître l'origine des immenses progrès accomplis de nos jours? et, qui donc n'a pas à lui payer sa dette de reconnaissance pour les biens sans nombre dont elle a doté chacun de nous. Mais comme, à diverses époques, elle a été l'occasion ou le prétexte de cris séditieux, de tumultes populaires, de luttes intestines, il n'en a pas fallu davantage pour la rendre responsable de tous les maux, et, dans l'état troublé de notre société, on la redoute comme un danger.

La société troublée ! le fut-elle jamais au même point? Après les tempêtes révolutionnaires qu'il a traversées, le vaisseau de la France, désemparé, semble aller à la dérive, cherchant vainement à réparer ses avaries. Tout y est bouleversé : les hommes et les choses, les idées et les mœurs. Rien n'y est en place : des situations précaires et sans cesse dérangées par de nouvelles secousses ; la division entre les citoyens, une haine acharnée des partis les uns contre les autres et, l'unité nationale tendant à se rompre violemment... Une morale de convention tenant lieu des principes absents : le droit, la justice, l'équité foulés aux pieds et faisant place à l'étroit égoïsme qui sacrifie tout à soi, à la cupidité sordide qui poursuit le succès à tout prix, aux ambitions démesurées qui ne reculent devant aucune conséquence. Le langage lui-même a subi les plus fâcheuses altérations : les mots Dieu, patrie, gloire, honneur, vertu n'éveillent plus, chez nous, les mêmes idées, n'inspirent plus les mêmes sentiments, ne provoquent plus le même enthousiasme, les mêmes dévouements.

Aux sentiments généreux, aux idées larges et élevées nous avons substitué l'intérêt particulier, l'amour du gain, la soif des richesses, le culte des jouissances matérielles, tout ce qui abaisse l'homme, l'avilit, le dégrade. Une longue prospérité, en améliorant les conditions de l'espèce humaine, l'a trop habituée à ne pas séparer le bonheur du bien-être. Pour être heureux, il faut pouvoir jouir matériellement et, par suite, être riche. Faire fortune est donc devenu la grande préoccupation du jour, le but des efforts suprêmes. Les objets de commerce se sont multipliés à l'infini : on fait argent de tout. Qu'importe le moyen, pourvu qu'on réussisse! C'est une confusion, un renversement, une désorganisation complète. Et, sans sortir de notre sujet, que voyons-nous? L'enseignement livré à la spéculation, aux coteries, à l'intrigue, au charlatanisme et, nulle part, ces grandes vues d'ensemble qui font tout converger vers le seul intérêt de la patrie.

Voilà ce que peut produire la liberté dans ses écarts. Est-ce une raison pour la condamner sans réserve? Faut-il la proscrire parce que, mal comprise, elle est mal pratiquée? Ce serait payer de la plus noire ingratitude les avantages dont nous lui sommes redevables, et comprendre bien mal l'avenir de notre pays. Mais, si nous admettons la liberté, nous la voulons entourée de sérieuses garanties qui en assurent les utiles développements et en préviennent les abus.

En ce qui concerne l'éducation, elle nous paraît tellement au-dessus de toute influence particulière, que nous voudrions la voir placée sous le patronage de la nation elle-même. Qu'un gouvernement sage s'établisse avec le concours des hommes désignés par l'opinion publique comme les plus honnêtes et les plus capables. Il aura, sans doute, à s'occuper activement des réformes à introduire dans les diverses branches de l'administration; mais, c'est sur l'enseignement que devra porter sa principale sollicitude, pour lui imprimer une impulsion nouvelle et en faire l'instrument de notre régénération. Un gouvernement, animé d'un esprit vraiment national, n'aurait pas à redouter la liberté qui favorise toutes les améliorations, qui encourage tous les progrès. Bientôt, les écoles transformées auraient une existence assurée et n'auraient plus à redouter les funestes effets d'une concurrence si souvent déloyale. Alors, la France, relevée par l'éducation, se verrait encore à la tête des nations civilisées.

DU GREC ET DU LATIN

La liberté, par elle-même, si favorable aux grandes entreprises, aux importantes réformes, paraît avoir plutôt contrarié que favorisé les développements de l'instruction publique en France : celle-ci est restée stationnnaire au sein d'une société qui, depuis longtemps est entrée dans la voie du progrès et ne demande qu'à y marcher d'un pas rapide. On ne saurait comprendre un tel état de choses, si contraire à la civilisation d'un peuple, à sa puissance et à sa véritable grandeur, si nous n'en trouvions la source dans nos divisions intestines et, surtout, dans ces entraves qu'ont maintenues, jusqu'ici, nos gouvernements en persistant dans un système vieilli et condamné par la raison et par l'expérience.

Nous ne nous plaindrons pas, personnellement, du grec et du latin, deux langues auxquelles nous devons la position qui fut le rêve de notre jeunesse ; et, nous ne pourrons jamais assez témoigner notre reconnaissance à nos parents qui, quoique peu fortunés, n'ont pas hésité à faire les sacrifices qu'exigeait notre instruction classique. Mais, enfin, si l'instinct de l'enfant converti, plus tard, en réflexion, ne nous eût indiqué l'enseignement comme l'objet de nos préférences ; si nous n'avions été conduit à cet état par une sorte de vocation irrésistible, n'aurions-nous pas pu, fatalement, aller grossir le nombre de ces déclassés de toutes couleurs et de toutes nuances qui peuplent nos villes : gens dévoyés à la recherche d'une position sociale ou à la merci des partis qui les payent ; êtres dangereux, qui promènent sur les boulevards et sur les places publiques leurs stériles méditations, leur orgueilleuse misère, leur mécontentement, leur haine contre la société qu'ils accusent d'injustice et, parfois, la recherche des moyens pour parvenir à s'en venger.

Les études classiques ne donnent accès qu'à un nombre limité de carrières et, les plus favorisés par le talent et par la fortune peuvent seuls y prétendre : les autres végètent. Un bachelier, en général, est impropre à la plupart des emplois que lui offriraient le commerce et l'industrie : ces places sont réservées aux jeunes gens qui, ayant suivi avec succès les cours de français et d'études commerciales, témoignent de certaines aptitudes spéciales. D'ailleurs, il croirait ravaler son prétendu mérite, s'il s'abaissait au niveau de ces derniers, son esprit sottement orgueilleux lui ayant montré qu'il pouvait légitimement élever ses prétentions beaucoup plus haut. Ne lui parlez pas de travaux agricoles, même spéculatifs : il n'a pas étudié le grec et le latin pour s'occuper de l'exploitation d'une terre, des moyens d'en varier et d'en multiplier les produits ! Ce sont toujours, on le voit, les préjugés du moyen-âge qui se perpétuent dans l'école, pour le malheur d'un trop grand nombre de jeunes gens.

Faut-il leur faire un crime de ces travers qui tournent à leur détriment ? N'est-ce pas assez qu'ils portent la peine de la mauvaise éducation qu'ils ont subie, la plupart, à leur corps défendant, mais qu'ils n'ont pas choisie, sans les rendre responsables des conséquences qu'elle entraîne? Si le système est mauvais, à qui la faute? Pourquoi n'a-t-il pas été conçu d'après des principes plus vrais et mieux raisonnés?

Chose digne de remarque : la liberté qui a servi à émanciper, dans une certaine mesure, l'enseignement professionnel, n'a presque rien produit en faveur de l'enseignement classique. C'est que, les établissements libres étroitement liés, sous ce rapport, au système universitaire, ne pouvaient s'en affranchir sans compromettre l'avenir de leur clientèle, en l'éloignant des carrières dites libérales dont l'entrée est ordinairement refusée à quiconque n'est pas porteur d'un diplôme de bachelier. Est-il donc nécessaire de s'imposer des sacrifices énormes et de consacrer un temps considérable à acquérir des connaissances qui, une fois les classes terminées, ne servent qu'à ceux qui ont le devoir de les enseigner; et qui, pour un grand nombre, n'aboutissent qu'à un avenir incertain et malheureux; tandis que quelques années de bonnes études de français suffisent pour se créer une position honnête et souvent très-lucrative? Quelle inconséquence! et comment ne l'a-t-on pas comprise encore? Mais, si nous considérons le même système par rapport à la méthode et aux procédés qu'il emploie, nous nous convaincrons de plus en plus qu'il n'est pas moins faux dans son principe et dans son application que dans ses résultats.

Pour étudier, avec quelque fruit, les langues mortes,

il faut les rapprocher d'une langue déjà connue avec laquelle on les compare ; de là, évidemment, l'usage de traduire de français en latin et en grec, ou de l'une de ces langues en français. Il semble, dès lors, que l'élève, avant de passer aux langues anciennes devrait connaître la sienne aussi bien que possible : il n'en est rien, généralement. Un enfant sait-il lire et écrire ? A-t-il quelques vagues notions de grammaire française ? On le juge apte à commencer son cours classique et, il est admis en huitième. Voilà où en sont la plupart des étudiants qui débutent au collége et, vous pouvez juger de leurs progrès en face des difficultés sans nombre qu'ils auront à surmonter. Tout pour eux ne sera qu'obscurité et, par suite, ennui et dégoût. Comment parviendraient-ils à interpréter un ouvrage classique, eux pour qui les mots vulgaires de leur propre langue sont souvent une énigme. Pendant huit ans, ils sont condamnés à faire plus de grec et de latin que de français et, plusieurs arriveront à la fin de leurs études sans posséder aucune de ces langues ; les plus intelligents seuls parviendront à triompher d'un système aussi déplorable et pourront tirer quelque profit de leur instruction. Sur quarante élèves dont se compose en moyenne une classe, en est-il dix qui suivent les explications du professeur et soient capables de les comprendre ? Vous en compterez peut-être encore dix qui ne s'éloignent pas trop des premiers ; les autres, et c'est la seconde moitié, comme de simples amateurs, figurent en classe sans savoir, habituellement, ce qui s'y passe. D'un bout de l'année à l'autre, ils se traînent en pure perte sur les bancs : la crainte d'une réprimande ou d'une correction peut seule les décider à prendre le texte d'une version dictée ou d'un thème. Arrivés à l'étude, ils s'occupent de trouver un camarade complaisant qui leur permette de copier le devoir du jour ; dans le cas contraire, et pour s'en débarrasser plus tôt, ils le font à la hâte tant bien que mal. L'élève a *broché* son thème sans consulter la grammaire, qu'il a apprise trop imparfaitement pour en avoir retenu les règles et, comment aurait-il pu l'apprendre d'une manière profitable, ne la comprenant pas? Ce devoir fourmille de fautes : chaque phrase renferme un ou plusieurs solécismes, sans compter les barbarismes. Nul doute que l'enfant ne soit coupable pour n'avoir pas donné à son travail tout le temps et tous les soins qu'il exigeait; mais, peut-on se diriger sûrement dans un pays inconnu sans un guide, dans un lieu obscur sans lumière? Pour la version, sa ressource est de feuilleter un énorme dictionnaire qui lui donne la signification des mots. Mais, quand on a tous ses mots à chercher, c'est un exercice long et fatigant et, un enfant est peu capable d'une telle patience. En a-t-il trouvé quelques-uns, il suppose les autres et s'efforce de donner à sa phrase un sens qui aboutit à un contre-sens : mauvais élève ! paresseux ! dit le professeur, vous serez puni. Quelle punition va-t-il lui infliger? Peut-être qu'après avoir signalé les fautes grossières, indiqué le moyen de les éviter, rappelé, en passant, les règles de la construction, il l'obligera à rapporter le même devoir corrigé? Non, cet ignorant aura à copier, machinalement, deux cents, trois cents vers latins ou plus, pour le forcer à faire mieux une autre fois. Comme ce moyen est propre à l'éclairer sur ce qu'il ignore! Peut-on rien imaginer de plus radicalement absurde? Et dire que ces procédés sont employés par des hommes intelligents!

Le professeur, avons-nous dit, a coutume de dicter des thèmes, des versions latines, voire même des versions grecques. Pour ces dernières surtout, c'est condamner l'élève à se morfondre en pure perte sur un texte incorrect ou illisible. N'est-ce donc pas assez des difficultés que présente la langue en elle-même, sans y en ajouter gratuitement de nouvelles? Qu'une telle invention soit sortie, jadis, de quelque cerveau bizarre, ou qu'un maître incapable, ayant épuisé les matières préparées pour sa classe et trouvant le temps long, ait imaginé d'en employer une partie à abrutir ses élèves : — c'est possible; mais, qu'elle se perpétue de nos jours, c'est à n'y plus rien comprendre. Un jeune étudiant, d'une intelligence ordinaire pourra, à coups de dictionnaire, traduire passablement une version grecque avec le livre en main; mais, si elle a été dictée, comme le texte est habituellement mal écrit et les mots, en partie, défigurés, elle devient pour lui la cause d'une foule d'erreurs. Et l'on s'étonne qu'un tel enseignement conduise à de si faibles résultats, et que beaucoup de jeunes gens sortent du collége ne sachant ni grec, ni latin! Encore, s'ils avaient acquis quelques-unes des connaissances pouvant les rendre utiles à eux-mêmes et à leurs semblables, ils devraient se trouver amplement dédommagés.

Combien ne serait-il pas préférable de se perfectionner dans la langue maternelle et dans les langues vivantes? Celles-ci, du moins, nous viendraient en aide pour faciliter nos relations industrielles et commerciales avec les autres peuples, sans parler d'un grand nombre d'autres avantages. Mais, nous reviendrons sur ce sujet à propos des matières de l'enseignement.

DE L'ORGANISATION UNIVERSITAIRE

Les abus et les vices que l'étude du système universitaire nous a dévoilés, — et plus d'un, assurément, aura échappé à nos investigations, — ces vices et ces abus tiennent tous de près ou de loin à l'absence d'une bonne législation sur l'enseignement. Nous avons vu, par ce qui a été dit précédemment, où en est l'instruction dans l'université; comment les efforts les plus intelligents y sont paralysés et n'aboutissent, en général, qu'aux plus tristes résultats.... Quant à l'éducation proprement dite, elle n'y est guère connue que de nom; pour trouver la chose, il faut aller la chercher dans quelques institutions particulières, dans certaines associations qui l'exploitent à leur profit ou dans des vues spéciales et déterminées. Mais, où découvrirons-nous cette autorité puissante, quoique éloignée, dont l'esprit, animé d'un souffle national, pénètre tout le corps enseignant pour lui communiquer l'impulsion et le diriger vers un but commun : l'union fraternelle entre tous les membres de la grande famille et le dévouement à la patrie ?

Les derniers événements n'ont que trop fait ressortir les funestes inconvénients de ces directions si diverses et sans lien avec l'autorité supérieure qui s'imposent à l'éducation. Un chef d'établissement, qui a la prétention de faire mieux que ses confrères, ne manquera pas de prétextes pour ces comparaisons, toutes à son avantage, qui seront autant de leçons pour ses élèves. Ces exemples ne se perdent pas. L'enfant apprend à devenir égoïste. Bientôt son esprit et son cœur ne s'ouvriront plus qu'à ces idées étroites, à ces sentiments bas qui portent l'homme à ne rien voir au-delà de son clocher, à se renfermer dans son intérêt personnel, à sacrifier tout à soi, à s'écrier, enfin : *Périsse la France, pourvu que je sois sauvé.* Les hommes sont ce qu'on les fait et, l'éducation est la source ordinaire d'où découlent les vices de la société.

C'est au gouvernement qu'il appartient de donner à l'enseignement le caractère général qui lui convient. Qu'il s'inspire des besoins réels du pays; qu'il mette au rang de ses premiers devoirs l'obligation de les satisfaire et que, loin de contrarier les vœux légitimes qui s'élèveront de toutes parts, les tendances nouvelles et les aspirations qui se feront jour, il s'efforce de les seconder du moment, surtout, où ces vœux et ces aspirations n'ont rien que de conforme au bien public. Alors, peut-être, il sera permis d'attendre avec confiance des lois sagement libérales qui, consacrant les résultats de l'expérience et de la raison et, tenant compte des changements successifs que le temps introduit dans les mœurs et dans les institutions, ainsi que de la marche des idées, admettront la possibilité de modifications ultérieures.

Mais, qu'ont fait, en ce sens, les divers gouvernements dont la France, depuis le commencement de ce siècle jusqu'à nos jours, s'est payé le luxe à des prix que chacun connait? Bien peu de choses, si nous en jugeons par la spécialité qui nous occupe actuellement. En vain leur a-t-on signalé, maintes fois, les inconséquences du système sur lequel repose notre enseignement public, les vices qui le dégradent et en arrêtent le progrès; ils les dissimulaient pour se dispenser de recourir aux moyens qui leur étaient indiqués comme les plus propres à les faire disparaître; ils cherchaient à en affaiblir la portée ou bien, forcés d'admettre l'évidence, ils feignaient de la reconnaître, se promettant bien de n'en tenir aucun compte. Les projets les plus sensés qui leur ont été soumis, n'ont obtenu, de leur part, qu'une attention distraite ou l'indifférence la plus blâmable; ils ont fermé les yeux et les oreilles aux conseils et aux exemples qui leur sont venus du dehors et, M. Gasc, l'illustre auteur du *Livre des Pères de famille*, a vainement travaillé, pendant quarante ans, à faire triompher son système rationnel qui serait, aujourd'hui encore, plein d'actualité et dont nous voudrions voir la doctrine se propager dans l'intérêt de tous. L'évêque d'Orléans, en traitant le même sujet a fait un chef-d'œuvre qui lui a valu les honneurs de l'Académie; mais, son éloquence entraînante n'a pu remuer un gouvernement dont le caractère propre, en cette matière, paraissait être l'inertie.

A quoi faut-il attribuer cette fin de non-recevoir, ce parti pris de ne rien changer ou de ne faire que des concessions insignifiantes, alors que l'opinion, les intérêts divers et des besoins de toute nature demandaient une réforme radicale et la réclamaient impérieusement? Plusieurs causes ont pu mettre obstacle à des améliorations si urgentes et si nécessaires ; mais, la principale cause nous paraît venir du ministre de l'instruction publique lui-même.

Les fautes dont nous chargeons ici les ministres, ne sauraient être imputées indistinctement à des intentions préconçues, à une volonté arrêtée d'avance, mais bien à la situation particulière qui leur était faite. Plus d'un, en effet, a pu se faire illusion et n'accepter le pouvoir qu'avec un ferme désir de se rendre utile à la fois et digne de la réputation qu'assurent à un homme d'État des services éminents rendus à son pays. Il n'avait pas à exercer longtemps ses fonctions pour se convaincre de l'impossibilité où il était de faire le bien.

Lorsque les institutions sont vicieuses, le mérite des hommes d'État consiste à les corriger et non à s'en faire les instruments dociles et aveugles. Mais, sous un gouvernement personnel les réformes, dans la véritable acception du mot, deviennent difficiles, ou plutôt, elles sont impossibles.

Tant que nous consentirons à être gouvernés par des chefs de partis nous aurons, d'un côté, les priviléges et de l'autre, les charges; la lutte en bas et, en haut, la résistance. Avec ces tiraillements sans trêve ni merci, pouvons-nous espérer avoir jamais l'ordre et la paix? Que deviendra le progrès? Nous le verrons constamment enrayé, et la liberté ne sera plus qu'un leurre.

Un souverain qui ne trouve pas les gages de sa sécurité dans le respect et l'amour de la grande majorité de ses sujets ; — qui s'est implanté dans la nation par la force ou par un coup de surprise, ne peut se maintenir sur le trône qu'à l'aide des moyens qui l'y ont porté. Semblable à une plante exotique que l'on conserve en serre chaude, il vit au milieu de ses courtisans, loin du peuple et, le plus souvent, étranger à ses besoins qu'il a peu souci de satisfaire, étant tout occupé du soin de se fortifier contre les attaques de cent autres partis qui travaillent à sa ruine. Comme il ne rencontre guère de dévouement et d'appui que dans ceux qui bénéficient des largesses faites aux dépens du trésor, on conçoit qu'il tienne à se les attacher coûte que coûte et, chacun émarge au budget en raison des services qu'il est censé rendre à son maître. Ses partisans sont gorgés d'or et d'argent : à eux les places, les honneurs, les gros traitements; — aussi, rien n'est brillant, rien n'est riche et somptueux comme son entourage. Le peuple, qui voit dissiper en vaines démonstrations le fruit de ses labeurs, est mécontent; il murmure et paye, néanmoins, en attendant qu'une nouvelle révolution vienne le délivrer. Ainsi en sera-t-il aussi longtemps que nous ne ferons que remplacer un nom par un nom nouveau, sans changer le système.

Tant de crises sociales, tant de bouleversements qui n'ont pas leur cause ailleurs et dont la France, plus que toute autre nation, a offert l'exemple, ne serviront-ils pas à nous éclairer? Ne verrons-nous pas, enfin, les hommes sincères, ceux qui, dans toutes les classes de la société, professent le respect du droit et l'amour de la justice s'entendre pour établir un gouvernement national et, par conséquent stable, dont le chef, appelé par l'opinion, ne cherche et ne trouve sa force que dans l'opinion ?

Le jour où aura été installé un tel gouvernement, il deviendra évident pour lui que les ministères de l'instruction publique, de la justice et des cultes ne sont qu'une superfétation, des rouages inutiles ou même embarrassants et, il n'hésitera pas à les supprimer. On se demande, en effet, ce qu'ont à démêler avec la politique les cultes, la justice et l'enseignement? Les fonctionnaires qui appartiennent à ces trois ordres de services publics nous paraissent tellement en dehors et au-dessus des agitations inhérentes aux luttes d'opinions, qu'ils ne sauraient s'en tenir trop éloignés : moins ils s'y mêleront, plus ils gagneront en considération et en estime dans l'opinion de tous.

Nous pensons que le ministre de l'instruction publique pourrait être avantageusement remplacé par un *grand-maître* de l'Université qui, relevant directement de la loi, n'aurait à rendre compte de sa gestion qu'au corps enseignant dont les suffrages en auraient fait le chef suprême. Ce grand dignitaire revêtu d'une autorité égale à celle d'un ministre, mais dégagé des entraves qui, le plus souvent, paralysent l'action de ce dernier, jouirait de toute l'influence et de tout le prestige qui résultent de l'élection libre et éclairée. Un conseil, également élu, lui serait adjoint. Les membres de ce Conseil destinés à le seconder dans ses vastes attributions et à partager sa responsabilité, ne pourraient être choisis que parmi les hommes les plus éminents dans chaque carrière ; et ainsi deviendraient possibles, ainsi seraient facilitées les améliorations indispensables, les plus sages réformes.

Au-dessous du chef de l'Université et, immédiatement après viendraient, organisés comme les précédents et soumis au même mode de nomination, les Recteurs et leur Conseil. Celui-ci, toutefois, ne pourrait être formé que de membres pris dans le ressort académique à la différence du Conseil supérieur qui se recrute indistinctement dans toutes les Académies. La subordination des Recteurs à l'égard du Grand-Maître ne s'étendrait guère au-delà des convenances hiérarchiques qui doivent exister entre supérieurs et inférieurs, et de certains rapports administratifs. Au reste, la liberté d'innover, de modifier, d'améliorer, dans les limites de leur circonscription, serait laissée entière à ces derniers.

Ils pourraient donc, en s'inspirant des vœux de leurs administrés, en tenant compte de leurs intérêts et, sans s'éloigner des principes généraux adoptés dans l'enseignement, faire dominer telle ou telle spécialité selon les besoins de chaque localité. Nous verrions, alors, les écoles devenir, ici, plus spécialement agricoles, là, commerciales et industrielles ; alors, aussi l'instruction, mise à la portée de tous, répandrait sa lumière bienfaisante jusque dans le plus humble hameau et irait partout se fortifiant dans la France entière. Or, étant donnés l'esprit naturel du Français et cette vivacité de caractère qui le distingue, quel peuple, désormais, oserait lui disputer l'honneur de marcher en tête du progrès et de la civilisation ?

Le système que nous proposons n'est pas une invention nouvelle : il existait primitivement dans l'Église où il a subi, avec le temps, des altérations profondes et, selon nous, fort regrettables. Les papes seuls, maintenant, sont élus à la majorité des suffrages par les cardinaux réunis en conclave et le pouvoir, dans la plupart des États, s'est arrogé le droit qui ne lui appartient pas, de nommer les dignitaires ecclésiastiques. Ceux-ci ont fini par en prendre leur parti et, faut-il le dire ? Une telle concession est devenue fatale au clergé qui, insensiblement, a perdu cette influence et ce prestige dont il jouissait autrefois. Les prélats actuels, trop dépendants de l'autorité temporelle qui les nomme, n'auraient ni le courage, ni l'autorité nécessaires pour renouveler l'exemple de cet ancien évêque qui, soutenu par tout un peuple, dénonçait, jadis, la conduite barbare d'un empereur et le forçait à une pénitence publique. L'Église s'est affaiblie en demandant secours et protection au bras séculier : aujourd'hui, le bras séculier l'abandonne. Grande leçon qui lui rappellera, peut-être, qu'elle ne doit chercher sa force que dans celui de qui elle tient sa noble et sainte mission, et que c'est en se faisant humble et faible avec les humbles et les faibles, qu'elle deviendra grande et puissante.

MATIÈRES DE L'ENSEIGNEMENT

Notre programme comprend les sciences, les lettres et les arts : tout ce qui est objet d'étude en fait partie. Il embrasse les connaissances humaines dans leur ensemble et n'admet d'autres limites que celles qu'ont fixées à l'esprit Dieu et la nature.

L'homme, être intelligent, se sent pris, dès la plus tendre enfance, d'un vague désir de savoir; il interroge, et veut se rendre compte des choses qu'il ne comprend pas; né pour la lumière, il a horreur des ténèbres : une de ses plus douces jouissances, c'est de connaître; il vit plus heureux à mesure qu'il parvient à dissiper les nuages qui obscurcissent son intelligence; en un mot, il aspire à cette clarté parfaite, dont il ne lui est pas donné de jouir ici-bas, et qui doit être le bonheur suprême.

Cette curiosité native, ce secret instinct ne sont-ils pas le signe non équivoque d'une tendance qui n'a rien d'accidentel, rien de particulier; — l'indice certain d'une vocation commune à tous les êtres doués de raison, et qui a sa source dans des besoins impérieux : besoins physiques, moraux et intellectuels que chacun a le droit et, de plus, le devoir de satisfaire?

Comprendrait-on, en effet, que nous eussions reçu du Créateur l'intelligence pour la laisser inculte? Et, où donc est la loi en vertu de laquelle le privilége de l'instruction serait accordé à une classe de citoyens et qui priverait les autres de ses bienfaits ? D'ailleurs, nous avons des devoirs à remplir envers Dieu, envers la société, envers nous-mêmes ; et, comment parviendrons-nous à nous en acquitter convenablement, si nous ne les connaissons pas ?

Oui, les hommes se doivent à eux-mêmes de ne pas croupir dans l'ignorance qui les avilit et les dégrade ; tous ont également l'obligation de s'élever, de se rapprocher, par le savoir, de celui qui est la source de la lumière, le principe de toute vérité et de tout bien ; or, rien n'égale le plaisir qu'on trouve dans l'accomplissement d'un tel devoir. Mais, il impose des sacrifices ; il demande du temps, du travail et, ceux qui n'ont pu apprécier par eux-mêmes les avantages qui résultent de l'instruction, ne sont que trop portés à en frustrer leurs enfants. De là, nécessité de la rendre obligatoire. D'autres, mieux inspirés, auraient le plus vif désir d'en procurer la jouissance à tous ceux qui les entourent ou qui les touchent de plus près : ils n'en sont empêchés que par l'impossibilité de subvenir aux dépenses qu'elle nécessite ; mais, alors, c'est au gouvernement d'y pourvoir en la rendant gratuite.

Quand nous demandons que l'enseignement soit gratuit et obligatoire, ce n'est pas à titre de concession, mais en vertu d'un droit primordial et qu'il n'appartient à personne de nous ravir, parce qu'il est inhérent à notre nature pensante et au rôle que chacun de nous est appelé à jouer dans la société. Celle-ci, en nous imposant des devoirs, peut-elle nous refuser le moyen de les remplir ? Et puis, comme les services qu'elle attend de nous doivent être d'autant plus utiles et plus importants qu'ils sont rendus d'une manière plus intelligente, il est évidemment de son plus grand intérêt d'éclairer notre esprit, d'élever le niveau de nos connaissances et de pousser notre perfectionnement moral et intellectuel aussi loin que le comportent nos facultés individuelles.

Utopie ! diront les uns; monstruosité ! ajouteront les autres. Déjà, il nous semble entendre se récrier tous ceux qui, habitués à dominer sur des masses ignorantes et les exploitant au gré de leur intérêt ou de leurs passions, s'effraient à la seule pensée d'y voir pénétrer la lumière. Pour nous qui plaçons l'intérêt de la France fort au-dessus de tout intérêt particulier, nous trouvons, dans ce qui fait l'objet de leur crainte, les plus fermes garanties d'ordre social, de moralité publique et de justice distributive. Quand le peuple sera instruit, chacun comprenant mieux la nature de ses devoirs, l'étendue de ses droits et ce qu'il doit à ses semblables, ne fera pas à autrui ce qu'il ne voudrait pas qui lui fût fait; il se respectera pour être respecté ; dès lors, nous cesserons d'avoir sous les yeux le triste spectacle de l'ivrognerie et de l'abrutissement qui en est la conséquence : les scandales publics disparaîtront d'eux-mêmes. Et puis, avec l'enseignement rendu obligatoire et largement distribué, le génie seul parviendra à percer : du moins, il sera compris par tous. Alors, s'établira une hiérarchie nouvelle, entièrement fondée sur l'inégalité des talents. L'autorité ne pourra manquer d'être obéie et respectée, car le génie s'impose naturellement aux hommes et, il n'est pas un pouvoir auquel ils se soumettent plus volontiers. Le suffrage universel, dont les décisions sont si souvent contestées, n'étant plus faussé par l'intrigue et la corruption, aura sa raison d'être : chacun pouvant fixer ses choix avec connaissance de cause, il deviendra une vérité et cessera d'être un mensonge.

Mais, s'il est des personnes qui, fondant le maintien de leurs priviléges sur l'ignorance populaire, redoutent la diffusion des lumières, d'autres, en considérant ce que renferme notre programme seront tentés d'en juger l'exécution impossible. Quoi ! diront-ils, voulez-vous ajouter encore aux matières exigées pour les diplômes universitaires ? Ne sont-elles pas déjà trop étendues, et combien d'élèves parviennent à les posséder entièrement ?

Que le système universitaire actuel rende l'enseignement long, difficile et peu profitable, — nous l'avons déjà reconnu ; mais, qu'on change ce système, et on verra. Nous persistons donc à soutenir qu'on ne doit rien ignorer de ce qui peut être appris utilement et, nous sommes convaincu qu'avec une bonne méthode, tout élève dans le cours ordinaire des études pourra, sans peine, acquérir, en chaque matière, des connaissances qui contribueront singulièrement à le rendre plus apte à la spécialité dont il aura fait choix, à la profession qu'il aura embrassée ; car, tout se tient, tout se lie, tout s'enchaine dans le domaine de la pensée : les sciences en apparence les plus opposées, ont entre elles des rapports étroits et se prêtent un mutuel secours ; l'esprit se développe, se fortifie par leur acquisition successive et, toute idée, toute invention, toute découverte qu'il parvient à s'identifier est une force qui lui est ajoutée.

Et maintenant, faut-il énumérer les connaissances qui entrent dans notre plan d'enseignement complet ? mais ce serait charger inutilement ce chapitre d'un long et stérile catalogue. Nous nous bornerons à quelques développements sur celles qui paraissent devoir fixer plus particulièrement notre attention ; et, comme le même objet, préféré par les uns, n'inspire d'autres qu'une sorte de répulsion instinctive, nous aurons à prévenir ces derniers contre des antipathies qui ne sont que le résultat d'un aveugle préjugé, et, tous, contre des choix arbitraires ou trop exclusifs et contre d'injustes préventions.

En tête de notre programme nous plaçons la religion, cette science divine qu'on ne saurait confondre avec les sciences profanes sur lesquelles, toutefois, elle exerce une légitime et salutaire influence.

Les écrivains qui vont puiser à cette source donnent à leurs productions l'empreinte d'un cachet particulier : les œuvres les plus parfaites et les plus durables respirent comme un souffle de christianisme, et poètes, artistes, orateurs lui doivent leurs plus belles créations, leurs plus nobles inspirations. Sublime dans sa doctrine elle est, dans la forme, d'une simplicité rare qui n'en fait que mieux ressortir l'origine céleste ; faite pour l'humanité, elle se trouve ainsi mise à la portée des intelligences les moins cultivées. Elle s'empare de l'homme à sa naissance, le dirige dans la vie, le soutient au milieu des épreuves, l'accompagne jusqu'au tombeau et, par d'ineffables consolations lui aide à supporter les douleurs de cet instant suprême. Etude de l'âme par excellence, elle a pour but de nous détacher des sens et des plaisirs terrestres pour nous élever aux pures jouissances de l'esprit et du cœur; venue de Dieu, elle nous rappelle sans cesse à Dieu et, rien n'est admirable comme son enseignement. Qu'elle est belle, qu'elle est consolante cette religion qui nous apprend à aimer Dieu par-dessus toutes choses et notre prochain conme nous-mêmes pour l'amour de Dieu; qui, rappelant aux hommes leur origine commune, leur enseigne l'égalité, la fraternité et n'établit entre eux d'autre distinction que celle du mérite; qui fait de la charité la première des vertus et nous conseille le pardon des injures; qui élève et ennoblit tous les actes humains, et nous montre le ciel comme la récompense éternelle réservée au juste ! Quelle source inépuisable de grandes et sublimes leçons !

Le croirait-on, cependant ? il s'est trouvé des hommes qui ont osé prétendre que la jeunesse pouvait être élevée sans religion et qu'on devait la proscrire des écoles. Une telle proposition ne supporte pas l'examen. Condamnée par le bon sens, elle révolte les consciences honnêtes et ne saurait avoir crédit que parmi les ignorants, dans des cœurs corrompus, chez des esprits vains et superficiels. D'ailleurs, on ne peut rejeter la religion sans lui trouver un équivalent et, où est donc ce livre merveilleux qui doit remplacer l'évangile, cette morale plus pure, cette doctrine plus élevée et qui atteste une plus profonde connaissance de l'homme ? Prétend-on supprimer d'un trait de plume une institution aussi ancienne et qui a jeté dans le monde des racines si profondes ? Ce n'est pas par simple décret qu'on parvient à détruire l'œuvre des siècles. Et, ici, permettez-nous de vous le dire, Messieurs les libre-penseurs, vous abuseriez étrangement de cette liberté que vous proclamez si haut. Mais vous allez crier à l'intolérance, à la superstition, à l'obscurantisme. Les esprits sérieux ne s'y trompent pas ; ils ne sauraient confondre l'abus avec la chose. Si vous espérez faire triompher une pareille théorie, c'est que vous présumez beaucoup trop de l'ignorance populaire, ce fléau du genre humain, dont il faudrait purger la terre. Vous n'y parviendrez pas. Les peuples chrétiens, guidés par le flambeau du Christ, marchent depuis dix-huit cents ans dans une voie de progrès continus, où ils semblent ne plus devoir s'arrêter ; et, vous voudriez leur persuader qu'ils sont dans l'erreur, et qu'ils doivent préférer à l'or le plus pur la fausse monnaie que vous leur offrez ? Vous ne trouverez pas un homme pratique, pas un maître, ami de l'enfance, qui ne reconnaisse la nécessité de l'enseignement religieux et nous prétendons que, sans religion, il n'y a pas d'éducation possible.

Faut-il qu'un enseignement si nécessaire et qu'on ne peut fausser sans les plus graves inconvénients soit, en général, si mal fait. « On entreprend d'expliquer à un enfant les tables de la loi, et de lui faire apprendre les mystères de la religion, sans avoir fait précéder l'exposition de ces grandes vérités par ces leçons de morale auxquelles donnent lieu toutes les circonstances de sa vie et toutes ses relations ; sans l'avoir occupé de l'étude et de la contemplation de la nature, premier fondement de la morale elle-même et de la religion ! Et l'on s'étonne, après cela, que cet enfant, sans intelligence suffisante, comme sans préparation, ne puisse rien comprendre à cet enseignement sublime ! »

Ce qui est plus fâcheux encore, « c'est de rendre cette religion de paix, d'amour et de miséricorde, redoutable dès le début de la carrière. Qu'on ne s'y trompe pas, cependant : faire redouter Dieu à des êtres timides, lorsqu'il faudrait ne s'occuper qu'à le faire aimer ; le montrer comme terrible, épouvanter de faibles enfants des peines éternelles, et les conduire par la peur ou par le calcul dans la voie religieuse, c'est employer un moyen facile sans doute de leur imposer, et de les rendre dociles ; mais c'est aussi bouleverser leur cerveau, c'est faire beaucoup d'hypocrites et de lâches, c'est créer des fanatiques, et surtout c'est travailler pour l'athéisme ou pour l'incrédulité. Du moins, il est bien certain qu'on ne peut jamais faire ainsi des hommes vraiment chrétiens.

Mais, non content de préférer une méthode aussi dangereuse, on y ajoute encore tout ce que la discipline a de plus vicieux. Ainsi, l'habitude de tout imposer à la jeunesse, sous la condition d'être ou de n'être pas puni, se retrouve aussi dans l'enseignement religieux, et les *pensum* viennent y faire justice d'une leçon de catéchisme mal sue, d'une distraction à la prière, ou même d'une irrévérence en matière de religion.

Il devient évident par là que le système public d'éducation ne sait pas non plus enseigner la religion ni la faire aimer. L'enfance, la jeunesse, ne montrent pas en général plus de goût pour cette étude que pour les autres. Tous ces dégoûts ont une cause commune, et cette cause doit infailliblement produire partout les mêmes effets. Ainsi l'on voit qu'en tout point le système vulgaire d'éducation est essentiellement vicieux, absurde, et dangereux pour la religion elle-même.

Dans cet état de choses, croirait-on trouver dans la pratique de la religion une ressource pour donner des sentiments religieux à la jeunesse, et lui en faire contracter de bonne heure l'habitude ? Mais faut-il répéter ici que les sentiments ne sont pas de simples impressions physiques, qu'ils se fondent sur des idées, et ne sont produits que par elles ?..... Les pratiques religieuses n'étant pas inspirées par des sentiments religieux, ne sont pas de leur nature capables de les donner. Les jeunes gens que l'on surcharge de pratiques et de cérémonies, soit qu'ils s'y soumettent à regret, soit même qu'ils s'y livrent avec quelque goût, lorsqu'ils seront plus grands, et qu'ils se lanceront dans le monde, ne trouvant rien en eux de la religion que ces pratiques, dont ils verront les hommes les plus sages beaucoup plus sobres, et réduisant tout à ces mêmes cérémonies, ils y renonceront peu à peu ; et, sans foi, sans religion, comme sans lumières, ils seront à la merci du premier libertin, et se jetteront dans l'athéisme ou dans l'impiété. »

La religion, comme celui de qui elle vient, est immuable dans ses principes; elle enseigne avec autorité des vérités incontestables; elle expose simplement des faits positifs que la philosophie s'efforce de démontrer à l'aide des lumières de la raison. Mais, celle-ci, par la nature de ses recherches et par les hautes spéculations auxquelles elle se livre, ne s'adresse qu'à l'âge mûr; elle trouvera sa place après d'autres questions qui sont à la portée des plus jeunes intelligences, et au premier rang desquelles se présente l'histoire, vaste répertoire, où est consignée la vie des peuples qui ont successivement joué un rôle sur la scène du monde depuis son origine jusqu'à nos jours.

Par la lumière qu'elle répand sur les hommes et les choses qui ont été avant nous; par ces comparaisons dont elle est un sujet perpétuel entre le passé et le présent; par la multitude des événements qu'elle déroule sous nos yeux, il n'est peut-être pas une étude plus propre à éveiller et à satisfaire la curiosité naturelle de l'esprit; il n'en est pas assurément qui offre plus d'intérêt. Mais, comment concevoir, alors, l'éloignement de certaines personnes pour cette faculté ? Il ne peut venir que de la manière dont est racontée l'histoire et, ceux qui l'ont étudiée dans ces recueils indigestes de faits et de dates qui s'adressent plutôt à la mémoire qu'à l'intelligence, en ont pris un dégoût qui va jusqu'à contester son utilité.

L'histoire inutile ! serait-ce parce que tout le monde aujourd'hui l'interroge pour lui demander ses grands et utiles enseignements ; parce que tout écrivain de mérite tient à honneur d'attacher son nom à quelques travaux historiques ? Et, à quelle autre source irez-vous puiser des leçons et des exemples qui répondent mieux aux diverses conditions de l'humanité ici-bas ? Elle est une école toujours ouverte où vont s'instruire les peuples comme les individus. L'histoire en main, nous pouvons remonter le cours des âges, jusqu'à la naissance du monde ; comparer le passé au présent ; suivre à travers les siècles la marche de l'humanité, assister tour à tour à ses époques de vitalité et de défaillance ; étudier, discuter et juger les principes fondamentaux qui ont servi à constituer les sociétés humaines, les opinions politiques et religieuses auxquelles elles ont obéi, et l'influence qu'ont exercé ces opinions sur les lois, les mœurs, les institutions de chaque peuple. Puis, après nous être rendu compte du degré de civilisation auquel se sont élevés les anciens parvenus à l'apogée de la gloire et de la puissance, nous ne pourrons jeter les yeux sur notre civilisation moderne sans nous écrier avec orgueil : nos ancêtres n'étaient que des enfants, nous sommes devenus des hommes ! et, pleins de reconnaissance envers la religion qui nous a rendus si supérieurs, nous nous sentirons devenir plus chrétiens.

A côté de l'histoire, nous plaçons la géographie, qui en est l'auxiliaire indispensable. La première embrasse les temps, la seconde comprend les espaces ; elles sont ensemble et s'éclairent l'une par l'autre. La science géographique a été longtemps le partage à peu près exclusif de quelques savants ; elle est entrée dans le domaine commun le jour où elle a cessé d'être considérée comme objet de simple curiosité, et chacun, aujourd'hui, se croit obligé d'étudier ce qui n'est plus permis d'ignorer. Mais, l'enseignement comme celui des autres branches de l'éducation en est encore très-vicieux, et nous avons appris, à nos dépens, ce qu'il en coûte pour n'avoir pas voulu s'affranchir à temps d'une dangereuse routine. Combien de piéges tendus, par l'ennemi, à nos officiers ! Combien de surprises ils auraient pu éviter, s'ils avaient mieux connu la topographie des lieux. D'ailleurs, la géographie ne sert pas seulement dans la guerre et, il serait honteux pour un jeune homme, ayant terminé ses classes, de ne pas savoir ce qu'aura pu apprendre, sur les lieux mêmes, un simple ouvrier qui voyage en France et à l'étranger pour se perfectionner dans son métier. A un autre point de vue plus pratique, — n'y a-t-il aucun intérêt, aucune utilité à connaître la nature du sol et le climat des diverses contrées; les produits qui sont particuliers à chacune d'elles : animaux, végétaux, minéraux qui, par des échanges continuels, entretiennent les relations du commerce entre les peuples ? Et, quel avantage n'y a-t-il pas à connaître exactement les limites qui séparent chaque État : Ses divisions politiques et administratives ; ses villes industrielles, commerçantes et leurs monuments ; ses voies de communication : routes, chemins de fer, canaux ? Voilà, en résumé, ce que nous enseigne la géographie et ce que, à notre époque, il est indispensable de savoir.

Que dirons-nous des sciences exactes, physiques et naturelles ? Nous savons qu'il est des esprits nés rêveurs, des imaginations vagabondes qui se plient très-difficilement à l'exactitude scientifique; on ne saurait donc trop tôt s'appliquer à leur inspirer le goût de ces études qui, par leurs fréquentes applications dans les usages de la vie, sont devenues un besoin qui, chaque jour, se fait plus vivement sentir. Et, même au point de vue spéculatif, quel poids n'ajoutent-elles pas au talent naturel ? par elles, toutes les facultés sont fortifiées et mieux réglées : l'imagination, contenue dans les bornes de la raison, n'erre plus à l'aventure; la pensée devient plus ferme et plus vigoureuse, le style plus nerveux, le jugement plus droit et plus sûr.

S'il se trouvait encore de ces esprits rêveurs et mélancoliques qui, uniquement épris du beau idéal, n'ont que du mépris pour les sciences qu'ils ne connaissent pas et dont ils ne peuvent apprécier les avantages sans nombre, — nous les prierions de vouloir bien jeter les yeux sur les inventions, sur les grandes découvertes des temps modernes, à partir de Christophe Colomb jusqu'à M. de Lesseps : un nouveau monde ajouté à l'ancien; l'un et l'autre mis en communication plus directe par le percement de l'isthme de Suez. Les produits de la pensée à jamais fixés par l'invention de Guttemberg et, répandus avec une étonnante rapidité, grâce aux nouveaux modes de transport.... ; la télégraphie mettant en communication instantanée deux villes éloignées et plus récemment encore, deux mondes séparés par un immense Océan.... Et, nous ne parlons pas de ces découvertes, de ces inventions d'une utilité moins apparente, quoique non moins réelle, qui ont cessé de nous étonner depuis que l'habitude les a fait passer à l'état de choses vulgaires, mais auxquelles on ne saurait contester l'inappréciable avantage de procurer à l'homme une somme de bien-être inconnue auparavant; de centupler ses forces productives, tout en diminuant ses fatigues, et d'aller partout améliorant les conditions de notre existence. En faut-il davantage pour nous faire aimer et apprécier les sciences auxquelles nous sommes redevables de tous ces bienfaits ?

Mais, comme tous les peuples travaillent, il importe que nous n'ignorions pas ce que produit ailleurs le génie de l'homme, sous peine de nous voir un jour distancés. L'étude des langues étrangères nous faciliterait cette connaissance : Eh bien ! jusque-là, elles ont occupé dans les programmes universitaires une place des plus modestes. L'élan donné aux idées de notre époque par les principes de liberté proclamés en mil huit cent trente, leur fit faire un pas et, l'université, entraînée par le courant, finit par les rendre exigibles pour le baccalauréat ès-sciences. Les aspirants à ce diplôme étudient, maintenant, l'anglais ou l'allemand à leur choix, et sont tenus de répondre aux questions qui leur sont adressées sur l'une ou l'autre de ces deux langues; mais, le peu qu'on en exige, et la manière dont on a coutume de les enseigner montrent assez l'importance tout à fait secondaire qu'on leur accorde. La classe des lettres en est dispensée.

Pourquoi une telle distinction ? supposerait-on que le grec et le latin sont, pour les lettres, une compensation suffisante ? Ou bien, n'attribuant aux langues vivantes d'autre utilité que celle qui résulte des relations du commerce et de l'industrie entre peuples, aurait-on jugé à propos de les réserver uniquement pour ceux que leurs études semblent plus particulièrement diriger vers les professions industrielles ou commerciales ? Il ne faudrait pas oublier, cependant, qu'une langue est l'expression de la pensée sous toutes ses formes, et qu'il peut y avoir intérêt à entretenir avec nos voisins des rapports littéraires, scientifiques et artistiques. Si nous avons des chefs-d'œuvre en plus d'un genre, ils en ont eux aussi ; et, s'ils étudient les nôtres, pourquoi n'étudierions-nous pas les leurs ?

Nous avons, malheureusement, la prétention de nous croire très-supérieurs aux autres peuples ; une opinion aussi fausse ne peut venir que de notre ignorance. Mais, on nous a répété si souvent, en haut lieu, que nous étions la première nation du monde ; nous avions été tellement grisés par le succès dans des guerres toujours heureuses, qu'il ne pouvait nous sembler téméraire de prétendre à l'honneur du premier rang parmi les peuples de la terre. Ce qui revient à dire que là où se trouve l'ignorance, il n'y a que préjugé, crédulité aveugle et ridicule présomption.

Ne devions-nous pas nous rappeler, du moins, que noblesse oblige, et travailler à soutenir cette gloire dont nous étions si fiers, au lieu de nous endormir avec trop de confiance sur nos lauriers cueillis, pendant que d'autres se préparaient à en cueillir à nos dépens ? Si nous avions parlé la langue des Allemands comme ils parlent la nôtre, et si cette connaissance nous eût servi, ce dont ils ne se sont pas fait faute chez nous, à pénétrer dans les secrets de leur organisation civile et militaire, et de leur administration dans tous ses degrés, nous les aurions mieux appréciés et, nous n'aurions pas confié la fortune de la France au hasard des batailles, sans calculer, auparavant, les risques d'un enjeu aussi considérable. Ainsi, à tous les points de vue, la connaissance des langues vivantes nous paraît indispensable; elle doit être générale et, nous osons espérer que le temps n'est pas éloigné où tout fonctionnaire d'un ordre quelque peu élevé sera tenu de parler l'anglais, l'allemand, l'italien et l'espagnol.

Nous ne changerons rien à l'ordre établi pour les classes dites de seconde ou des humanités, de rhétorique et de philosophie ; il n'entre pas dans notre plan de leur assigner une autre place que celle qu'elles occupent dans le système vulgaire : elles doivent succéder aux sciences, tout en faisant à ces dernières la part qui leur convient. Après l'observation, vient la réflexion, puis, pour subvenir au défaut de la mémoire, le besoin de recueillir et de conserver le fruit de ses recherches pour soi ou pour les autres. Mais, la science ne serait plus digne de ce nom. si elle se bornait à entasser des faits sans les lier entre eux d'après certaines combinaisons propres à en faciliter l'étude, et celui qui, ayant acquis beaucoup de connaissances, n'aurait pas le talent de les utiliser, ressemblerait à un ouvrier inexpérimenté qui a sous la main tous les outils exigés par son métier, et ne sait pas s'en servir.

L'art est nécessaire aux sciences ; les lettres sont à celles-ci ce que la forme est au fond : l'un ne va pas sans l'autre.

Les branches de l'enseignement que nous abordons ici, ont tout particulièrement le don de nous attacher, de captiver notre cœur, de séduire notre esprit et de le charmer par la variété de plaisirs d'autant plus vifs et mieux sentis que nous les puisons surtout en nous-mêmes. En ce sens, il est permis de dire avec Cicéron : les lettres sont pour celui qui les cultive des amis inséparables et toujours dévoués ; elles l'accompagnent partout : à la ville, à la campagne, la nuit, le jour elles sont avec lui et ne l'abandonnent jamais ; elles le soutiennent dans l'adversité, le consolent dans la douleur, et lui apprennent à jouir véritablement des avantages de la fortune et de la prospérité.

Les humanités et la rhétorique, loin de nous laisser étrangers aux procédés des sciences dûs à la philosophie, mettent à contribution toutes nos facultés, intelligence, volonté, sensibilité et, se suffisant à elles-mêmes, elles servent à la fois d'interprète et de véhicule aux sciences d'observation et de raisonnement. En vain le savant prétendrait pouvoir se passer de leur concours : ses travaux, privés d'ornements littéraires et conservant tout ce qu'ils ont en eux-mêmes de sec et d'aride, n'auraient plus ni attrait ni agrément et rebuteraient le commun des lecteurs.

Dans la classe de seconde, l'élève, affranchi de la longue tutelle grammaticale, ne redoutant plus l'affreux barbarisme et le honteux solécisme, s'essaie enfin, à voler de ses propres ailes. Les langues qu'il a apprises au point de vue des règles et de l'usage, vont devenir, entre ses mains, des instruments dociles, dont il saura se servir selon les besoins et les circonstances. Timide d'abord, il s'avance d'un pas mesuré, se bornant à imiter les modèles qui ont été offerts à son admiration et avec lesquels, chaque jour, on s'efforce de le familiariser, jusqu'à ce que, devenu plus fort, il s'évertue à tirer de son propre fonds des idées nouvelles, ou à présenter des sujets connus sous des couleurs et des aspects différents.

C'est l'époque où, chez le jeune homme, l'imagination joue le rôle principal et, c'est aussi la faculté à laquelle il va surtout faire appel. Aidée de la mémoire et du jugement, l'imagination enfante quelquefois des merveilles. La description, en effet, sera d'autant plus variée, la narration plus ornée et plus fleurie, le parallèle plus vrai et plus saisissant que l'imagination sera plus vive, la mémoire plus fidèle, le jugement plus délicat et plus sûr. La grande préoccupation de cette classe, c'est la forme littéraire : l'élève étudie les règles du langage ; il recherche avec soin les meilleures expressions, s'applique à donner de la tournure à sa phrase et à la rendre élégante par l'habile disposition des mots ; il faut que le style de ses compositions soit harmonieux, d'une pureté irréprochable et, c'est le goût qui le dirige dans le choix des ornements.

La nature de ces travaux en montre suffisamment l'importance : ils sont aussi utiles qu'intéressants.

En rhétorique, l'élève étudie l'art oratoire. Il apprend

à distinguer les divers genres d'éloquence, à connaître ce qui convient à chacun d'eux ; par quelle sorte d'exorde, selon les circonstances, il importe à l'orateur de se concilier la bienveillance de l'auditoire ; quelle péroraison doit lui assurer le triomphe de sa cause ; la manière de toucher les cœurs, de persuader les esprits et de les convaincre ; quels sont les piéges à éviter, les précautions à observer ; ce qu'on entend par mœurs oratoires ; la source des preuves et des arguments et l'usage qu'il peut en faire... On ne lui laisse rien ignorer de ce qui constitue l'orateur ; mais, il n'apprend pas à devenir lui-même orateur.

Dans notre pays de suffrage universel, où l'homme politique ne peut servir utilement sa patrie que par l'éloquence, l'enseignement actuel pour la rhétorique, devient insuffisant. La théorie seule ne saurait rendre éloquent ; il faut y joindre la pratique. Vainement dira-t-on qu'une des principales occupations du rhétoricien, c'est de composer des discours écrits : un discours écrit produit bien peu d'effet à la tribune ; et, le jeune homme, ainsi préparé, ne parviendra que très-difficilement, plus tard, à parler en public : c'est une habitude qu'il faut contracter de bonne heure et, l'exemple de Démosthènes montre bien qu'on ne l'acquiert pas sans peine et sans les plus grands efforts. C'est pourquoi, nous demandons qu'une ou deux leçons par semaine soient consacrées, en rhétorique, à des exercices oraux, où chaque élève viendrait, à tour de rôle, déclamer devant ses camarades un discours préparé d'avance, ou improviser des développements sur un sujet facile. Peut-être, alors, pourrons-nous compter un plus grand nombre de bons orateurs ; et, nous entendons, par là, des hommes de bien qui, ne reconnaissant d'autre drapeau que celui de la vérité, ne se passionnent et ne combattent que pour la vérité.

Au sommet de l'édifice classique nous trouvons la philosophie, cette science mère, cette science génératrice que nous appellerions volontiers la science des sciences, si elle n'avait au-dessus d'elle la religion : la distance qui les sépare l'une de l'autre est celle qui existe entre le ciel et la terre, entre Dieu et l'homme.

A la différence de la religion qui, venue toute faite des mains du Créateur, renferme un corps de doctrine complet, auquel rien ne manque, dont l'auteur a tout prévu et n'a rien laissé à l'arbitraire; — la philosophie, en voie de formation depuis que l'homme a commencé à penser, n'est pas encore entièrement fixée. Toujours à la recherche de la vérité, elle ne parvient jamais à la saisir pleinement ; soumise à tous les égarements de la raison d'où elle procède, elle ne saurait être pour nous un guide infaillible auquel nous devions nous abandonner en toute confiance. Chancelante à son début, incertaine dans sa marche, variable dans ses principes, limitée dans son objet, elle conduit souvent au doute ou à la négation ; et, c'est à peine si nous parvenons à démêler les parcelles de vérité dont nous lui sommes redevables, à travers les erreurs sans nombre qu'elle a semées sur sa route. Ce qui nous autorise à dire que l'histoire de la philosophie n'est que l'histoire des variations de l'esprit humain.

Et cependant, qui oserait soutenir qu'elle n'est qu'une étude de pure curiosité, un simple jeu de l'esprit? Non, la philosophie est née d'un des besoins les plus impérieux de notre nature pensante : celui de connaître et de nous rendre compte de nos connaissances. Par les hautes spéculations auxquelles a coutume de se livrer le philosophe, il élève son esprit, ouvre à la pensée des horizons nouveaux, raffermit la raison dans la vérité dégagée des ombres qui la voilaient à ses regards et, ainsi, la prémunit contre l'erreur et le préjugé.

Désignée tour à tour sous les noms de science des principes et de science de l'homme, elle justifie pleinement cette double définition. Socrate qui ne la considérait que sous le dernier rapport, la renfermait tout entière dans la connaissance de soi-même. Les philosophes modernes l'ont en outre étendue à tous les objets de notre entendement.

Envisagée au point de vue des principes la philosophie, comme un éphore vigilant préside à la formation de toutes les sciences ; elle dirige et éclaire leur marche, discute la légitimité de leurs principes, analyse les faits dont elles se composent et les réunit ensuite par la synthèse, afin de mieux saisir les éléments primitifs, les idées générales sur lesquelles elles reposent. C'est encore la philosophie qui assigne à chacune d'elles la méthode qui lui est propre.

En histoire, négligeant les détails, elle s'attache surtout aux grandes choses, aux événements heureux ou malheureux qui ont laissé dans les annales de l'humanité des traces ineffaçables, aux puissantes individualités, enfin, qui représentent et résument le mieux une époque.

C'est là, qu'avec Bossuet, nous parcourons d'un vol rapide les temps et les espaces ; que nous voyons se presser devant nous peuples et nations sous la main de Dieu qui les conduit et que ce puissant génie, nous apparaissant comme élevé au faite d'une haute montagne, évoque au pied de son tribunal toutes les générations éteintes ; puis, plongeant sur elles son regard d'aigle il semble, fidèle interprète des desseins éternels, les ranimer un moment pour leur faire entendre leur sentence de vie ou de mort.

C'est ainsi que Montesquieu, nous faisant assister à la naissance de Rome, nous montre cette future dominatrice de l'univers, élevant sa grandeur sur les mâles vertus d'un peuple, durant la première période de son histoire : vie frugale, mœurs simples, amour de la gloire au sein de la pauvreté, patience infatigable dans le travail ; courage et persévérance, sobriété et désintéressement, sur les sentiments profondément imprimés dans tous les cœurs, de religion, de patrie, de famille et, sur tous ces grands principes qui ont pour but d'élever les esprits et de tremper fortement les caractères. Ensuite, parvenue au faîte de la gloire et de la puissance, regorgeant de richesses, affaiblie, épuisée, énervée par le long usage des folles jouissances et des plaisirs grossiers, fléchissant sous le poids du luxe et de la mollesse, nous voyons la ville aux sept collines, cette cité, reine du monde, la plus grande et la plus belle des villes, *pulcherrima rerum*, dit Virgile, se laisser aller insensiblement à la décadence et à la ruine jusqu'à ce que, succombant sous la main des barbares venus du Nord, — semblable au lion mourant, jadis la terreur des animaux et, maintenant, incapable de se défendre contre les oiseaux de proie prêts à le dévorer — et, ne se rendant pas compte d'une fin si tragique et si imprévue, elle s'écrie dans son aveuglement : Les dieux m'ont abandonnée !

Mais, comme autrefois le peuple romain, vainqueur de la Grèce, fut à son tour vaincu par les arts de la Grèce ; de même les barbares, vainqueurs de Rome subiront, à leur insu et malgré eux, le joug d'une puissance secrète qui seule, a survécu à cette grande catastrophe. La religion chrétienne, répandant sur ces peuples nouveaux son influence bienfaitrice, va préparer, lentement, à travers les siècles, cette belle civilisation dont nous sommes si justement fiers.

Or, étudiée à ce point de vue, quoi de plus important que l'histoire ? et, en même temps, quoi de plus utile que la philosophie, qui nous permet d'en tirer de tels enseignements ?

Nous ne pouvons passer sous silence le droit et l'économie politique. Celle-ci est une science moderne qui se divisait, primitivement, en plusieurs branches, selon qu'elle prenait pour objet de ses recherches l'industrie, le commerce ou l'agriculture : elles n'en font plus qu'une et se réunissent sous la dénomination commune d'économie politique ou sociale. Cette science traite « de la richesse des nations et de l'art de l'administrer ; elle enseigne comment les richesses se forment, se distribuent et se consomment; » elle étudie les rapports du travail avec le capital, du salaire avec le revenu, de l'ouvrier avec le patron; elle explique les motifs de ces rapports et, s'occupe de rechercher dans quelle mesure ils doivent exister; les grèves sont de sa compétence ainsi que toutes ces grandes questions sociales qui agitent notre époque, et qui ne seront définitivement résolues que le jour où le progrès des mœurs et des idées aura établi l'équilibre entre tant d'intérêts divers. Mais, c'est par l'étude d'un tel problème qu'on pourra en hâter la solution. Une preuve de l'intérêt prodigieux qui s'y rattache, ce sont les travaux sans nombre publiés depuis deux siècles, sur ces matières, par les plus grands esprits de l'Europe. Les gouvernements eux-mêmes semblent avoir compris qu'ils ne pouvaient se désintéresser dans ce débat. A Paris, ont été créées deux chaires d'économie politique; des cours publics sont partout autorisés et encouragés dans les principales villes et, qui de nous n'a pas gardé le souvenir de ces remarquables leçons données, naguère, à l'Hôtel-de-Ville de Clermont, par un professeur distingué de notre Faculté dont la parole claire et facile, l'expression vive, colorée, abondante nous tenaient constamment sous le charme de cette éloquence entraînante et pleine de ressources à laquelle nous sommes si peu habitués en province.

Le droit public comprend l'ensemble des lois qui régissent un pays. La loi est générale ou limitée à certaines conditions particulières. Dans le premier cas, elle oblige tous les citoyens grands et petits, savants et ignorants, et, comme nul ne peut se soustraire à ses prescriptions, il importe au plus haut point qu'elle ne soit ignorée de personne. Pourquoi donc les jeunes gens sortent-ils du collége sans en avoir entendu parler? Dans les campagnes, la loi, c'est le gendarme, le garde champêtre. Il faut avouer que là, elle se présente sous un aspect bien terrible, qui n'est pas de nature à lui concilier le respect et l'obéissance. Les moyens employés pour prévenir et arrêter le mal sont, précisément, ceux qui contribuent le plus à le propager : on fait en secret ce qu'on n'ose se permettre ouvertement et, à chaque instant, la loi est éludée.

Mettez la conscience à la place du gendarme, en instruisant le peuple de ses droits et de ses devoirs, en multipliant les cours de droit usuel et, vous pourrez vous dispenser d'imposer par la force l'obéissance aux lois. Il y aura à cela double avantage : le citoyen, éclairé, se conduira en homme libre, c'est-à-dire, en honnête homme, et le trésor se trouvera grevé d'une charge de moins.

Un mot sur les arts : ils ont bien leur prix. Les uns, comme la musique, sont de pur agrément. Mais, Dieu ne nous a pas condamnés sans dédommagement, au travail et à la douleur; il a voulu que la vie fût un mélange de peines et de plaisirs, de joie et de tristesse. En semant à pleines mains, dans la nature, les modèles incomparables de tous les arts, il a permis que leur imitation devînt, pour l'homme, une douce occupation, en même temps qu'un moyen des plus propres à charmer les ennuis, à dissiper les dégoûts inséparables de son existence. S'il nous a donné la voix, n'est-ce pas pour que nous la fassions servir aux usages qu'il lui a assignés ? Et, l'étude du chant ne devrait-elle pas être mise à la portée de tous, dans les écoles tant primaires que secondaires? Le dessin, à double titre, réclame la même faveur. A l'agréable, il joint l'utile et, devenu indispensable dans l'industrie, il a des applications fréquentes dans la plupart des autres carrières.

Mais, si nous faisons la part très-large aux beaux-arts, nous ne saurions approuver l'abus qu'en font certains artistes, en détournant la musique et le dessin de leur but véritable, qui doit être moral avant tout. Nous n'approuverons pas davantage les excès d'encouragements qu'ils reçoivent dans certaines maisons d'éducation où ils semblent être l'objet principal des études et où les élèves, négligeant les choses les plus importantes, consacrent une partie de leur temps à crayonner, à représenter certaines figures, à imiter les modèles qu'on leur met sous les yeux, ou à préparer longuement des morceaux de musique en vue de quelque circonstance solennelle.

C'est donner beaucoup trop d'importance à ce qui ne doit être qu'accessoire et fausser le jugement des enfants en leur faisant supposer que la musique et le dessin peuvent les dispenser du reste et suffisent pour en faire des hommes. Ils sont assez portés naturellement à ces études et, ici, le maître éprouve plutôt le besoin de modérer leur ardeur que de la provoquer.

Les exercices physiques : la gymnastique, l'équitation, la danse, l'escrime ont l'avantage de fortifier le corps, de le rendre plus souple et plus agile ; de lui donner de la grâce, de l'élégance et de la dignité. — Aussi devons-nous les ranger parmi les objets de l'enseignement à la fois utiles et agréables dont ne saurait se passer une éducation soignée.

DES MÉTHODES

Les sujets que nous venons d'esquisser à grands traits, ne sont pas toute la science ; ils en sont la meilleure partie et, suffisant à expliquer notre pensée, ils nous dispensent d'entrer dans de plus amples détails sur une matière qui semble inépuisable, c'est un champ immense dont les divisions sont à l'infini. Une telle variété de connaissances ne saurait tenir dans une intelligence si vaste qu'on la suppose; quiconque en poursuivrait l'étude approfondie, verrait arriver la mort avant d'en posséder une entièrement : la vie de l'homme ne suffit pas à une semblable entreprise. Mais, s'il n'est pas possible de tout connaître à fond, est-il un esprit si médiocre qu'il soit, qui ne puisse parvenir à des notions justes et précises sur chaque spécialité, alors qu'une seule doit être l'objet principal de ses occupations, le but constant de ses études? Tout dépend du système adopté dans l'enseignement : avec une bonne méthode, la chose paraît facile.

Veut-on se faire une idée des résultats merveilleux auxquels peuvent conduire des procédés rationnels? Qu'on se rappelle Bacon et Descartes. Ce n'étaient pas, il est vrai, de simples professeurs cherchant à diriger leurs élèves par la route la plus courte et la plus rapide vers un but connu; mais deux génies créateurs qui, voyant l'esprit humain arrêté dans sa marche essentiellement progressive par les vaines disputes d'une philosophie frappée d'impuissance, entreprirent de refaire la science et de lui donner l'impulsion qui, jusque-là, lui avait fait défaut.

Il s'agissait de découvrir le principe fécond sur lequel reposerait la nouvelle doctrine. Bacon à Londres et Descartes à La Haye, où il s'était réfugié, fondèrent, le premier sur l'observation, le second sur l'évidence, deux méthodes qui devaient être le point de départ de ces progrès en tous genres que rien, désormais, ne peut arrêter et dont la conséquence est de nous conduire, de prodiges en prodiges, à travers une foule d'inventions et de découvertes qui, à peine pressenties avant ces deux immortels philosophes et se répétant sans cesse, ne permettent pas d'assigner un terme à ce mouvement qui n'eut rien de comparable dans le passé. Mais, ces méthodes, dites d'invention, ne servent qu'à ceux qui savent déjà, pour étendre les limites du savoir. Nous n'avons à nous occuper ici, que du mode d'enseignement le plus propre à faire pénétrer dans les jeunes esprits les connaissances vulgaires qui composent les divers programmes des études. Eh bien ! là encore, l'ordre établi dans la distribution des travaux de l'élève, la bonne direction des classes, le choix et l'emploi des moyens mis à la disposition de celui qui s'instruit, sont pour lui les plus sûres garanties du succès. Qu'on en juge par l'exemple suivant.

Il fut, au moyen âge, un enfant qui étonna le monde par la précocité de son génie. A dix ans, il passait pour un orateur consommé. Quelques années plus tard, il avait parcouru le cercle entier des connaissances du temps et se faisait fort de répondre à toutes les questions qui pourraient lui être adressées sur ce qui était alors connu, *de omnibus cognitis*. Les vétérans de la science, jaloux d'un jeune homme qui s'annonçait pour eux comme un concurrent redoutable et qui leur faisait craindre, peut-être, quelques utiles innovations, aimèrent mieux le condamner comme sorcier que de l'entendre.

Nous savons bien, et l'expérience de chaque jour ne le prouve que trop, tous les enfants ne sont pas des Pics de la Mirandole. Mais, en quoi celui-ci différerait-il des autres, sinon par une application infatigable au travail et surtout, par la manière d'étudier? Il n'est pas douteux qu'il n'eût trouvé la route indiquée par la nature et, ses rapides progrès dans les études scolastiques n'étaient que le résultat de procédés rationnels et méthodiques : car la méthode, c'est le génie.

Nous reconnaitrons volontiers aussi que, parmi les étudiants, c'est le petit nombre qui se livre par goût aux travaux intellectuels; sans cesse le maître se voit obligé de recourir aux menaces, aux punitions pour vaincre leur répugnance. Serait-ce, de leur part, antipathie naturelle et, l'étude si pleine d'attraits pour quiconque en a goûté les douceurs, ne se présenterait-elle à ceux qui commencent à l'aborder, qu'entourée des difficultés qui en éloignent? N'est-ce pas plutôt le système généralement adopté qu'il faut accuser de cet état de choses? Il ne propose aux jeunes débutants que les matières les plus insipides et les plus ennuyeuses sans se préoccuper d'en dissimuler la sécheresse et l'aridité en y répandant quelque agrément. Il en est tout autrement chez les peuples du Nord. Le maître dirige les études, indique le devoir à faire... Mais c'est l'élève qui, après avoir médité longuement la leçon à apprendre, le sujet à travailler, résume lui-même par écrit, toutes les difficultés qu'il a rencontrées et en demande la solution au maître, dès le commencement de la classe. De sorte que l'on pourrait croire que ce n'est pas le professeur qui pousse l'élève au travail, mais que c'est l'élève qui force le maître à travailler. En est-il de même en France? Quoi qu'il en soit, ils sont rares ceux que Dieu a doués de cette curiosité insatiable, de cette force d'attention et de cette puissance de volonté qui font les grands hommes. Mais, il fallait qu'il en fût ainsi, pour que l'ambition naturelle du savoir eût ses limites : la société ne saurait se composer uniquement de savants. Le but de l'éducation doit être de rapprocher les talents dans la mesure du possible, et de rendre moins sensible cette inégalité choquante qui existe entre les gens instruits et ceux qui n'ont rien appris.

N'est-il pas profondément triste de penser qu'en France il y ait encore tant de personnes qui n'ont reçu aucune culture intellectuelle? Ce sont des barbares d'un autre âge, vivant au milieu d'une civilisation à laquelle ils ne comprennent rien et dont ils ne sauraient goûter les avantages, ou des aveugles privés de la lumière du soleil. Conçoit-on qu'une question qui soulève des problèmes d'un si haut intérêt n'ait pas encore été résolue? Du moins, il paraît impossible d'en différer la solution. Une cruelle expérience nous a appris ce qu'est une nation, quand une partie de ses citoyens manque d'instruction.

L'ignorance est la grande plaie de notre époque ; de là découlent une foule de maux : elle rapproche l'homme de la bête, lui ôte tout sentiment de sa propre dignité ; en fait une sorte de machine que mènent à leur gré les intriguants ou les habiles ; elle le rend incapable de prendre part utilement aux affaires publiques, et de bien gérer ses propres affaires au sein d'une société éclairée. Voilà pourquoi il importe qu'au plus tôt la France soit débarrassée de cette lèpre qui la ronge et finirait par la rejeter au dernier rang des peuples civilisés. Non-seulement il faut que tout Français sache lire, écrire, mais l'instruction du peuple doit être établie sur des bases plus larges et poussée beaucoup plus loin : le commerce, l'agriculture, l'industrie réclament ce progrès.

Pourquoi les enfants des écoles primaires n'apprendraient-ils pas, outre le français, l'anglais ou l'allemand et même les deux langues, l'histoire, la géographie et tout ce que les arts et les sciences offrent de pratique? Se figure-t-on les perfectionnements nouveaux apportés aux travaux, et l'importance ajoutée à la nation qui aurait dans tous les métiers les ouvriers les plus capables.

D'un autre côté, nous sommes convaincu que les enfants peuvent apprendre toutes ces choses d'une manière profitable aussi facilement qu'ils apprennent mal le peu qu'on leur enseigne. Car, il faut le répéter ici pour la centième fois, si la majorité des élèves qui fréquentent l'école primaire n'en rapportent que des connaissances insignifiantes, c'est encore et toujours le système d'enseignement que nous devons en rendre responsable.

En France, malheureusement, il est des emplois même pour les ignorants : on peut être étranger à l'écriture et à la lecture, et se créer des moyens d'existence. Mais celui qui ne doit être quelque chose dans le monde que par son savoir, qui n'étudie qu'en vue de sa situation future et dont les études, tronquées ou incomplètes, ne lui permettent pas d'atteindre le but poursuivi, que deviendra-t-il? Incapable des fonctions auxquelles il était destiné, il se trouve plus inapte encore à un travail manuel quelconque. Voilà donc un jeune homme jeté dans le monde au hasard des événements ou des circonstances. Quelle affreuse perspective ! si l'on savait prévoir à cet âge !

Et cependant, — nous parlons ici de l'enseignement classique, — que se proposent les parents qui font instruire leurs enfants? n'entendent-ils pas que ces derniers apprennent ce qui est enseigné dans les classes et l'apprennent de telle sorte qu'un jour ils puissent en tirer profit pour eux-mêmes et pour la société dont ils doivent être des membres actifs? Mais comment, alors, permet-on à vingt ou vingt-cinq élèves sur quarante, de monter chaque année dans une classe supérieure sans savoir ce qui s'est fait dans la classe précédente? et d'où vient qu'on se préoccupe si peu d'égaliser leurs forces, autant, du moins, que le permettent les aptitudes de chacun? Il faut toute la force de l'habitude pour souffrir que les derniers suivent les premiers de si loin et que les disproportions soient telles qu'elles creusent un abîme entre les extrêmes.

Est-ce que certains enfants seraient dénués d'intelligence et incapables de recevoir l'instruction qui leur est donnée? Il est plus facile d'attribuer la faiblesse de l'élève à son incapacité que de prendre les moyens d'y remédier; mais c'est là une grave erreur contre laquelle nous ne saurions trop nous élever.

« Le bon sens ou la raison, dit Descartes, est naturellement égale en tous les hommes, et ainsi, la diversité de nos opinions ne vient pas de ce que les uns sont plus raisonnables que les autres, mais seulement de ce que nous conduisons nos pensées par diverses voies, et ne considérons pas les mêmes choses. Car ce n'est pas assez d'avoir l'esprit bon, mais le principal est de l'appliquer bien. Les plus grandes âmes sont capables des plus grands vices aussi bien que des plus grandes vertus; et ceux qui ne marchent que fort lentement peuvent avancer beaucoup davantage, s'ils suivent toujours le droit chemin, que ne font ceux qui courent et qui s'en éloignent. »

Les établissements d'instruction fournissent des exemples nombreux de cette dernière assertion. Combien d'enfants ne voit-on pas tous les ans qui s'annoncent avec les plus heureuses dispositions et font entrevoir les plus belles espérances; mais qui, comptant trop sur leur facilité naturelle et sur des succès obtenus sans peine, se croient dispensés de travailler et, surpassés, dans la suite, par d'autres qui, doués de moindres aptitudes, doivent leur supériorité à une application constante, ils finissent par n'être que des hommes médiocres. D'ailleurs, il ressort du passage précité, que les esprits diffèrent moins entre eux par le fond que par la direction qu'ils prennent ou qu'ils subissent. Il importe donc par-dessus tout que ceux qui sont à la tête de l'instruction publique s'occupent de la bien diriger. Ils doivent, sans hésitation, rejeter un système d'enseignement vieilli et devenu tout à fait insuffisant pour le remplacer par un système nouveau qui facilite la marche de l'élève et lui permette de parcourir avec fruit le vaste programme des connaissances exigées actuellement de quiconque aspire à se faire une position honorable dans le monde.

Sous ce rapport, nous n'avons que l'embarras du choix. Parmi les arbres variés de la science, il n'en est aucun qui n'ait été l'objet d'une culture spéciale, et qui n'ait fourni la matière de plusieurs ouvrages d'éducation qui tous, se proposent d'en faciliter et d'en abréger l'étude; d'orner et d'embellir les matières les plus arides, afin que l'élève charmé par la vue des fleurs, ne s'aperçoive pas des épines qu'elles recouvrent.

Comme l'enfant malade, dit Le Tasse, à qui on présente une potion : on enduit de miel ou de sucre les bords du vase et, l'enfant trompé par les apparences boit le breuvage amer qui doit lui rendre la santé. Nous avons, sur les diverses branches de l'enseignement, les travaux les plus variés et les mieux faits; les méthodes abondent en tout genre, et jamais époque, peut-être, ne parut plus favorable que la nôtre aux réformes que nous proposons.

Il n'est pas jusqu'aux premiers rudiments qui n'aient été de la part de graves esprits l'objet de sérieuses préoccupations ; et tout récemment, un savant professeur de l'Université faisait annoncer dans les journaux, la publication d'une nouvelle méthode à l'aide de laquelle un enfant apprendrait à lire en quinze jours. Comme la carrière que doit parcourir la jeunesse de nos écoles est fort étendue, tous les moyens les plus propres à la soutenir dans sa marche, à alléger les ennuis et les fatigues du voyage en le faisant paraître moins long, doivent être favorablement accueillis.

Nous ne passerons pas en revue les diverses méthodes qui existent sur chaque objet de notre enseignement. Qu'il nous suffise d'insister sur les deux spécialités dans lesquelles s'est manifestée d'une manière trop évidente notre infériorité en face des Allemands et de montrer comment il serait possible de les vulgariser et de les rendre familières à tous.

Nous avons, pour apprendre les langues vivantes, des méthodes nombreuses. Les plus parfaites, selon nous, sont celles qui se sont inspirées des procédés naturels. Vergani, Ollendorff, Robertson ont multiplié les exercices qui doivent être faits oralement et par écrit : c'est une conversation continuelle sur les mots et les phrases de la langue usuelle. N'est-ce pas ainsi que procède la mère auprès de son petit enfant qui apprend à parler pour ainsi dire en se jouant ?

Robertson prétend, en soixante leçons, donner à un Français la connaissance de l'anglais : ce résultat, il l'a obtenu par lui-même. Pour notre part, nous sommes convaincu qu'un enfant qui aurait bien appris les soixante textes qui font l'objet de ces leçons, et qui pourrait répondre à toutes les questions qui les accompagnent, connaîtrait la langue anglaise aussi bien que la sienne. Appliquez cette méthode à l'allemand, à l'espagnol, à l'italien et, vous serez surpris de la facilité avec laquelle les plus jeunes élèves, en très-peu de temps, se familiariseront avec ces langues.

Il est vrai que celles-ci ne sont pas, comme la nôtre, parlées sur un ton à peu près uniforme : elles ont une prononciation à part et, leur accent tonique ne peut être bien saisi que par l'habitude et la pratique. En vain cette prononciation est-elle figurée dans les livres, un étranger ne parvient pas à la reproduire exactement, s'il n'a pas entendu parler un indigène. Aussi, croyons-nous que la méthode la plus parfaite ne saurait tenir lieu du maître ; mais, tout professeur parlant la langue qu'il enseigne et la faisant parler à ses élèves doit obtenir les progrès les plus rapides. Cette manière d'enseigner les langues vivantes est malheureusement peu usitée ; on ne la trouve que dans de rares établissements privés. A Bruxelles, nous disait un jour M. Doublet de Villers, j'ai connu des institutions où l'on s'occupe beaucoup des langues étrangères sans négliger les autres matières de l'enseignement. L'institution Acker mérite, sous ce rapport, une mention spéciale : on y parle, chaque jour, une langue déterminée avec défense aux élèves d'en parler une autre que celle du jour. Mais en France, dans l'Université et ailleurs on s'en tient toujours au vieux mode d'enseignement pour les langues mortes, au lieu d'adopter les méthodes simples et faciles dont il vient d'être parlé.

Comme les langues, comme les autres branches de l'instruction, la géographie est un champ à l'exploitation duquel les ouvriers habiles n'ont pas fait défaut. Combien de livres de tout format n'a-t-elle pas produits? Les uns très-complets, semblent n'avoir rien omis de ce qui tient à cette science et entrent, sur chaque chose, dans les plus grands détails. Par ces traités nous sommes instruits non-seulement de la configuration générale du globe; de ses divisions en terres et en eaux; — du partage des eaux en océans, mers, golfes, — des terres en continents, régions, pays; — mais encore des caractères qui distinguent ces diverses contrées ou qui sont propres à chacune d'elles; de leurs limites naturelles ou politiques. — Ils nous entretiennent de la population, de ses lois, de ses mœurs, de sa religion, de sa langue, de ses institutions et des produits variés du sol. Parmi ces livres, il en est qui ne sont que de simples abrégés; ils s'adressent surtout à l'enfance, et ont pour but principal d'aplanir les difficultés, afin de lui rendre le travail plus doux et plus agréable. Nous en avons pour tous les âges et, il semble que, pour se diriger dans cette étude, on n'ait plus rien à désirer. Ajoutez encore des cartes grandes et petites, des atlas d'une exécution parfaite, des globes terrestres et, jusqu'à des cabinets géographiques que possèdent certains établissements particuliers.

Malgré des travaux si remarquables et en si grand nombre, nous pensons que le dernier mot n'a pas été dit sur l'enseignement de la géographie et qu'il reste encore quelque chose à faire. Croit-on, par exemple, que la position des lieux, vus sur la carte, pourra nous en donner une connaissance suffisante? Quand on vous aura dit que Rome est sur le Tibre, Paris sur la Seine, Londres sur la Tamise, vous formerez-vous une idée bien exacte de ces villes et, saurez-vous ce qui les distingue entre elles?

Que l'élève reçoive le premier enseignement dans les livres, en s'aidant de cartes, sans lesquelles la géographie deviendrait une affaire de mémoire et ne laisserait rien dans l'esprit, — on le conçoit; mais, jamais on ne parviendra à connaître la topographie des lieux, à se rendre bien compte de la physionomie particulière d'un peuple, de l'aspect d'une ville, d'une nation, si on ne les a visités.

Il suit de là, évidemment que, pour être vraiment instruit de la géographie, il faudrait voyager. Or, comme les voyages, par les dépenses énormes qu'ils nécessitent, ne sont à la portée que du petit nombre, la science géographique, dans ce cas, deviendrait le partage à peu près exclusif des riches. Sans doute, s'il s'agissait d'imposer à la jeunesse l'obligation de parcourir les mers et les continents, de séjourner dans les principales villes pour en étudier les institutions et les monuments, la chose serait justement regardée comme impraticable.

Mais, ne saurait-on rien imaginer qui pût suppléer les voyages de long cours et en tenir lieu? Quand on songe aux travaux gigantesques opérés de nos jours, il nous semble qu'une reproduction du globe terrestre, dans des proportions plus ou moins grandes, ne serait pas impossible; nous ne pensons pas qu'une telle entreprise fût au-dessus des efforts de l'industrie. Que dans chaque département, au point le plus central, on trace, sur le sol, une sorte de mappemonde : les continents y seront représentés avec leurs divisions et les figures diverses que présentent leurs côtes; puis, les eaux détournées d'une rivière ou d'un fleuve iront former autour de ce globe artificiel l'océan et les mers.

On donnerait à chaque contrée, autant que le permet la différence du climat et du sol, l'aspect général de celle qu'elle représente : elle se couvrirait des mêmes plantes, des mêmes arbres; des animaux de tous les climats y seraient élevés dans le pays même dont ils sont originaires, ou représentés artificiellement : il en serait de même de tous les produits naturels. On y verrait à la place qu'elles occupent les villes importantes de chaque pays avec une imitation de leurs principaux monuments et leurs richesses littéraires, industrielles et artistiques les plus remarquables. Le globe, ainsi refait, permettrait aux jeunes gens, parvenus à la fin de leurs études, d'aller les compléter, en parcourant, sans sortir de leur département, le monde entier sous la conduite de savants professeurs, qui leur enseigneraient non-seulement la géographie, mais encore l'histoire naturelle, en plaçant sous leurs yeux les objets à étudier qui ne se gravent jamais aussi bien dans l'esprit quand on les voit simplement figurés sur le papier.

C'est là une idée toute nouvelle qui, croyons-nous, mérite de fixer l'attention du public. L'exécution d'un tel projet ne saurait présenter des difficultés insurmontables et, au point de vue de l'enseignement pratique, il aurait assurément les meilleurs résultats.

Nous ne nous étendrons pas davantage sur les méthodes : chaque science a la sienne et, faut-il le répéter, nous n'avons que l'embarras du choix. Si l'instruction, en France, n'est pas entrée dans la voie du progrès, ce ne sont pas les procédés rapides et faciles, les systèmes ingénieux qui ont fait défaut : c'est une bonne direction qui a manqué.

Il importe donc qu'au plus tôt une impulsion nouvelle soit donnée d'en haut, qui opère partout les changements exigés par le temps et par les mœurs.

ÉDUCATION DE FAMILLE

Un enfant qui serait élevé sous les yeux et par les soins de ses parents aurait pour premier précepteur la femme qui lui a donné le jour. Celle-ci, en devenant mère, reçoit de la nature le titre d'institutrice du nouveau-né et ce rôle, pour elle, commence à la naissance de l'enfant. Une bonne mère ne confie pas à une étrangère celui dont elle ne peut séparer l'existence de la sienne ou, du moins, elle veut qu'il soit élevé sous ses yeux. Elle le nourrit de son lait, veille sur lui jour et nuit, prévoit ses moindres besoins et s'empresse de les satisfaire. Elle semble ne vivre que pour cet être chéri : elle jouit de ses plaisirs et s'attriste de ses chagrins; elle prévient ses cris et ses pleurs, lui prodigue ses caresses, ne néglige aucun des détails qui intéressent la conservation d'une si frêle créature, éloigne avec précaution ce qui pourrait lui porter atteinte et, sa sollicitude s'étend à tout.

Dès qu'il commence à bégayer, la mère se préoccupe de son instruction : elle va lui apprendre à parler. Voyez-la à l'œuvre. Comme sa méthode est simple et facile ! C'est la méthode naturelle, la seule vraie. Elle nomme à son enfant les objets qu'elle place sous ses yeux et meuble insensiblement sa mémoire d'un petit vocabulaire de mots usuels ; puis, elle lui montre les formes, les couleurs et joint l'attribut au nom. Bientôt elle y ajoutera le verbe et son petit élève ne tardera pas à pouvoir former des propositions, de courtes phrases. Alors s'établiront entre la mère et l'enfant des dialogues sans fin, jusqu'à ce que celui-ci soit devenu assez fort pour se mêler aux conversations ordinaires de la famille.

Un mode d'enseignement si fécond en résultats rapides devrait, sans doute, être appliqué dans nos établissements publics. Est-il un savant, un docteur qui, avec tous les secrets de son art, sache enseigner, nous ne dirons pas comme une femme instruite, mais comme la plus ignorante ? Pourquoi donc cette manière d'enseigner les langues vivantes n'est-elle pas universellement adoptée, l'expérience nous ayant, depuis longtemps, convaincus du peu de fruit qu'on obtient par le système usité pour les langues mortes ?

L'examen du procédé maternel nous porte à émettre un vœu qui pourra paraître étrange, parce qu'il s'éloigne des usages reçus, mais qui est entièrement conforme à l'ordre naturel. L'exemple de la famille montre clairement que la première éducation appartient à la femme. Il serait donc à désirer que celle-ci continuât au collége l'œuvre qu'elle a si bien commencée au foyer domestique. Verrait-on un inconvénient quelconque à ce que, dans tout grand établissement, la division des petits enfants fût confiée à de sages institutrices qui, leur tenant lieu de mères, les élèveraient avec tous les soins minutieux qu'exige cet âge faible ? Ils seraient, ainsi, admirablement préparés à passer entre les mains des hommes et, leur éducation y gagnerait sous tous les rapports. D'un autre côté, ce principe admis, il en résulterait un avantage considérable pour un bon nombre de jeunes personnes qui, ayant été fort bien élevées, vont souvent se perdre dans le monde, où elles se trouvent sans position, sans fortune et sans appui : elles auraient là, une carrière ouverte et un avenir assuré.

Une mère instruite, qui dirige elle-même l'instruction de son fils, ou l'institutrice qui la remplace auprès de ce dernier, ne s'en tient pas au langage parlé. A mesure qu'il grandit, elle étend et élève son enseignement. Elle s'applique à développer toutes les facultés de l'enfant, en s'aidant toujours des procédés les plus conformes à la nature ; elle le fait avancer graduellement, passe du simple au composé, du connu à l'inconnu. Chaque leçon devient le texte de réflexions morales et religieuses. Le précepte venant à la suite de l'exemple qui, déjà, a éveillé la curiosité de l'élève, est écouté attentivement par celui-ci ; il se grave aisément dans sa mémoire et y produit un effet durable. C'est ainsi que sous la direction d'une mère intelligente et vertueuse l'éducation morale accompagne partout l'instruction proprement dite.

Une institutrice vraiment digne de ce nom n'agirait pas autrement. Non contente d'enseigner, chaque jour et à chaque instant du jour, elle s'assurerait par elle-même des fruits qu'aurait produits son enseignement. Elle aurait sans cesse les yeux ouverts sur la conduite de son élève : réprimant ses défauts naissants, corrigeant ses mauvaises habitudes, formant son caractère, l'instruisant de tout ce qui est beau et bien et, s'efforçant de lui faire aimer la vertu en la lui présentant sous les couleurs les plus agréables.

On le voit : soins physiques, moraux et intellectuels, rien n'échappe à la sollicitude d'une mère, et une femme seule peut la remplacer avantageusement dans ces humbles mais importantes fonctions.

L'enfant est-il parvenu à l'âge de huit ans, c'est au père qu'il appartiendrait désormais de poursuivre son éducation, s'il n'en était empêché par d'autres occupations. Mais, supposons qu'il s'en charge lui-même, il ne négligera rien pour hâter les progrès intellectuels de son fils et il s'efforcera, en même temps, de le rendre bon et vertueux. Pour son instruction, il fera choix des meilleurs cuvrages, adoptera de préférence ceux qu'il jugera être le plus à la portée de cette intelligence encore peu développée, et s'ingéniera à trouver la méthode la plus facile : il suivra son jeune élève pas à pas et n'avancera qu'avec lui. Il lui apprendra par ses leçons et par des exemples nombreux ce qu'il doit à Dieu, à son père, à sa mère et à tous ceux qui l'entourent. Plus tard, il lui fera connaître ce que se doivent l'un à l'autre le père et la mère ; ce à quoi ils sont tenus envers leurs enfants et quel est le rôle de l'homme dans la société. Mais, en remettant au père la direction de son fils, une mère ne renonce pas à cette douce influence morale qui produit de si beaux fruits sur les caractères bien nés, et dont le seul souvenir lui servira un jour de frein contre les occasions de chute qui l'attendent dans le monde. Il se forme donc peu à peu à la vie de famille, à la vie sociale dont les exemples sont toujours présents devant lui ; il apprend à devenir homme et citoyen. Or, si la jeunesse française était ainsi dirigée, nous ne tarderions pas à voir s'opérer cette transformation sociale si vivement désirée, et que nous attendrons en vain, si nous persistons dans nos vieux errements.

C'est l'éducation de la famille qu'il faut faire pénétrer dans le collége.

Et maintenant, qu'on accorde, si l'on veut, au professeur des hautes classes, un mérite supérieur. Pour nous, nous croyons que l'instituteur de l'enfance qui ne se borne pas à l'instruction littéraire et scientifique, mais qui enseigne à ses élèves la morale et la religion, pose les bases véritables de la société.

Telle est, encore une fois, l'éducation qu'il importe de faire prévaloir en France.

Mais, il n'y a qu'un père et une mère qui comprennent bien l'intérêt qui s'attache aux enfants et qui les aiment assez pour les entourer de cette sollicitude de tous les instants, de ces soins vigilants, de ce dévouement sans bornes et pour se préoccuper sérieusement de leur avenir. L'action simultanée de l'un et de l'autre nous paraît indispensable et, nous pensons que le titre d'époux devrait être exigé de ceux qui se destinent à remplir les nobles fonctions d'instituteurs de la jeunesse. Il n'est pas une carrière qui paraisse plus contraire au célibat et où le mariage offre de plus sérieuses garanties.

Il nous serait facile d'appuyer cette proposition sur une foule d'exemples, si elle pouvait paraître contestable. Or, qu'est-il besoin, après cela, de se demander si l'enseignement doit être clérical ou laïque? Comme il a pour but de préparer des hommes pour la famille et pour la société il est naturellement laïque. En effet, « la vie monastique éloigne ces questions, — dit M. Censurie, dans son livre intitulé : *Conseils à ma fille* — non-seulement parce qu'on n'enseigne pas ce qu'on ignore, mais encore parce qu'on fait peu de cas des choses qu'on a appris à redouter. »

Toutefois, nous nous défions de l'enseignement religieux donné par des hommes du monde ; il serait souvent nul ou entaché d'erreur. C'est au prêtre qu'il appartient d'enseigner la religion et de faire pénétrer partout l'esprit de l'évangile. Aussi, convient-il de faire, dans les établissements d'instruction publique, une part très-large à l'élément religieux. Nous admettrions volontiers l'enseignement mixte avec une direction laïque. Peut-être parviendrait-on ainsi à concilier tous les intérêts et à relever notre éducation en lui rendant l'unité sans laquelle elle ne sera jamais nationale.

Enseignement primaire, secondaire et supérieur, tels sont les trois degrés par lesquels doit passer tout jeune homme qui aspire à une carrière libérale. C'est l'ordre logique et, nous n'aurions rien à dire contre une division si naturelle, si l'application ne nous en avait paru défectueuse, surtout en ce qui concerne les deux premiers degrés.

L'enseignement primaire, s'il était bien compris, devrait être une préparation sérieuse à l'enseignement secondaire, et le même dans toutes les écoles. Il comprendrait l'étude de la langue maternelle, une ou deux langues étrangères, l'histoire et la géographie, des notions étendues sur les sciences, les lettres et les arts.

La masse des élèves ne pousse pas son instruction au-delà. Alors commence pour les autres l'enseignement secondaire qui se divise en deux parties : classique et professionnelle. La première est plus particulièrement littéraire et comprend le grec et le latin ; la seconde se renferme dans l'application des sciences et des arts à l'industrie sans, néanmoins, exclure les lettres.

L'élève, d'après ce système, ne commencerait pas ses études classiques avant l'âge de douze à treize ans ; mais, il *y* aurait été si bien préparé que ses progrès ne pourraient être que très-rapides et, nous ne doutons pas, qu'en très-peu de temps, il n'eût appris beaucoup plus de grec et de latin que n'en savent la plupart des jeunes gens qui consacrent huit années à étudier ces langues.

Nous avons dit ce qu'était l'instruction publique en France et, après en avoir fait ressortir les vices principaux, nous avons indiqué les moyens qui nous ont semblé les plus propres à *y* remédier. Les personnes qui liront ce livre, pourront se convaincre aisément qu'il a été écrit avec les sentiments d'une conviction entière. Si nous nous sommes trompé, c'est de bonne foi, et, nous témoignons d'avance notre reconnaissance aux personnes éclairées qui voudront bien relever nos erreurs. Nous prions, en même temps, le lecteur de ne pas oublier que l'idée première de ce travail ayant été conçue sous l'impression des derniers événements, il a été écrit trop à la hâte pour que le style de l'ouvrage ne se ressente pas de cette précipitation. A cet égard, nous réclamons toute son indulgence.

Puissent les idées que nous avons émises et que, jusqu'à preuve contraire, nous sommes porté à croire justes, obtenir faveur auprès des hommes d'Etat. Elles auront pour résultat inévitable d'amener les réformes si longtemps attendues et, la France régénérée par l'éducation, pourra reprendre son rang parmi les nations.

CLERMONT-FERRAND, IMPRIMERIE G. MONT-LOUIS.

223

www.ingramcontent.com/pod-product-compliance
Ingram Content Group UK Ltd.
Pitfield, Milton Keynes, MK11 3LW, UK
UKHW031926260826
14628UKWH00003B/1451

9 782012 961647